JN441553

님께

하나님의 말씀을 드립니다.

년 월 일

드림

규장

일러두기

1. 내용

실제 성경 말씀 신약전서 개역개정 4판을 사용했습니다. 전장 전절을 표시하였고 단락별 소제목까지 실었습니다.

2. 구성

말풍선 인물들 간의 대화는 말풍선 안에 넣었기 때문에 누가 하는 말인지 명확히 알 수 있습니다.

지문 성경 말씀 중 대화가 아닌 내용은 사각박스 안에 넣어 구분했습니다.

서판 신약의 본문 중 구약 성경을 인용한 부분은 오래된 양피지 모양의 박스 안에 구약의 책 이름과 장 절을 밝혀 별도로 표시했습니다.

각주 일부 페이지 하단에 각주가 나옵니다. 해당 단어나 구(句)에 대한 설명 및 구절 인용 정보 등을 더 얻을 수 있습니다.

배경 그림 그림을 통해 등장인물의 구체적인 행동과 특정 구절의 상황을 빠르게 이해할 수 있습니다. 예를 들면 누가 말하는 것인지, 하루 중 어느 때 일어난 사건인지, 집안에서 일어난 일인지 아니면 집 밖에서 일어난 일인지, 주변에 누가 있었는지, 1세기 이스라엘의 생활풍습 등 좀 더 구체적인 큰 그림을 연상할 수 있도록 도와줍니다.

배경 지도 신약시대의 세계라 할 수 있는 팔레스타인 지역과 지중해 연안 지도, 아시아의 일곱 교회가 있었던 지금의 터키 지역 등 구체적인 이해를 돕는 지도가 있습니다.

차례

12장

13장

14장

15장

16장

17장

18장

19장

20장

21장

신약
개역개정판
마태복음
The GOSPEL
of Matthew

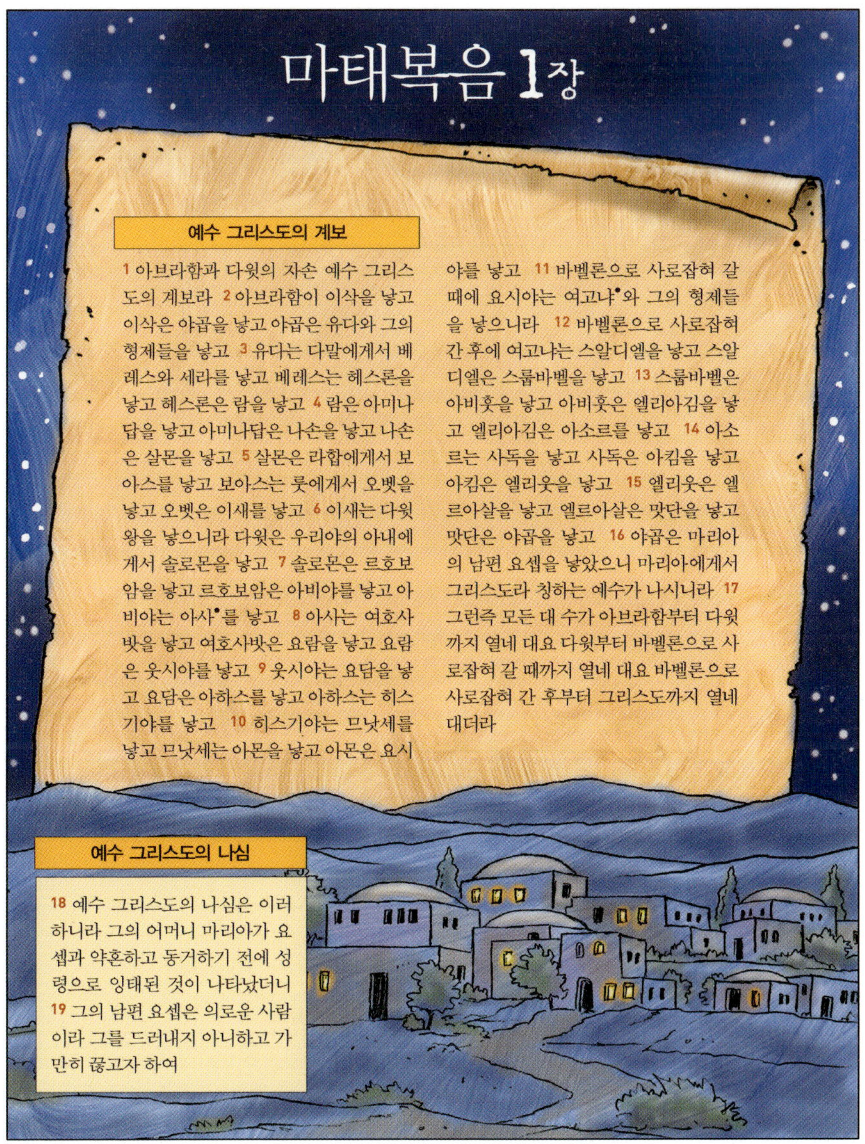

마태복음 1장

예수 그리스도의 계보

1 아브라함과 다윗의 자손 예수 그리스
도의 계보라 2 아브라함이 이삭을 낳고
이삭은 야곱을 낳고 야곱은 유다와 그의
형제들을 낳고 3 유다는 다말에게서 베
레스와 세라를 낳고 베레스는 헤스론을
낳고 헤스론은 람을 낳고 4 람은 아미나
답을 낳고 아미나답은 나손을 낳고 나손
은 살몬을 낳고 5 살몬은 라합에게서 보
아스를 낳고 보아스는 룻에게서 오벳을
낳고 오벳은 이새를 낳고 6 이새는 다윗
왕을 낳으니라 다윗은 우리아의 아내에
게서 솔로몬을 낳고 7 솔로몬은 르호보
암을 낳고 르호보암은 아비야를 낳고 아
비야는 아사•를 낳고 8 아사는 여호사
밧을 낳고 여호사밧은 요람을 낳고 요람
은 웃시야를 낳고 9 웃시야는 요담을 낳
고 요담은 아하스를 낳고 아하스는 히스
기야를 낳고 10 히스기야는 므낫세를
낳고 므낫세는 아몬을 낳고 아몬은 요시
야를 낳고 11 바벨론으로 사로잡혀 갈
때에 요시야는 여고냐•와 그의 형제들
을 낳으니라 12 바벨론으로 사로잡혀
간 후에 여고냐는 스알디엘을 낳고 스알
디엘은 스룹바벨을 낳고 13 스룹바벨은
아비훗을 낳고 아비훗은 엘리아김을 낳
고 엘리아김은 아소르를 낳고 14 아소
르는 사독을 낳고 사독은 아킴을 낳고
아킴은 엘리웃을 낳고 15 엘리웃은 엘
르아살을 낳고 엘르아살은 맛단을 낳고
맛단은 야곱을 낳고 16 야곱은 마리아
의 남편 요셉을 낳았으니 마리아에게서
그리스도라 칭하는 예수가 나시니라 17
그런즉 모든 대 수가 아브라함부터 다윗
까지 열네 대요 다윗부터 바벨론으로 사
로잡혀 갈 때까지 열네 대요 바벨론으로
사로잡혀 간 후부터 그리스도까지 열네
대더라

예수 그리스도의 나심

18 예수 그리스도의 나심은 이러
하니라 그의 어머니 마리아가 요
셉과 약혼하고 동거하기 전에 성
령으로 잉태된 것이 나타났더니
19 그의 남편 요셉은 의로운 사람
이라 그를 드러내지 아니하고 가
만히 끊고자 하여

1:7 아사 일부 헬라어 사본들에서는 '아삽'으로 기록되어 있다. 아삽은 아사의 또 다른 이름이다(대상 3:10 참조).
1:11 여고냐 여고냐는 여호야긴의 또 다른 이름이다(왕하 24:6 ; 대상 3:16 참조).

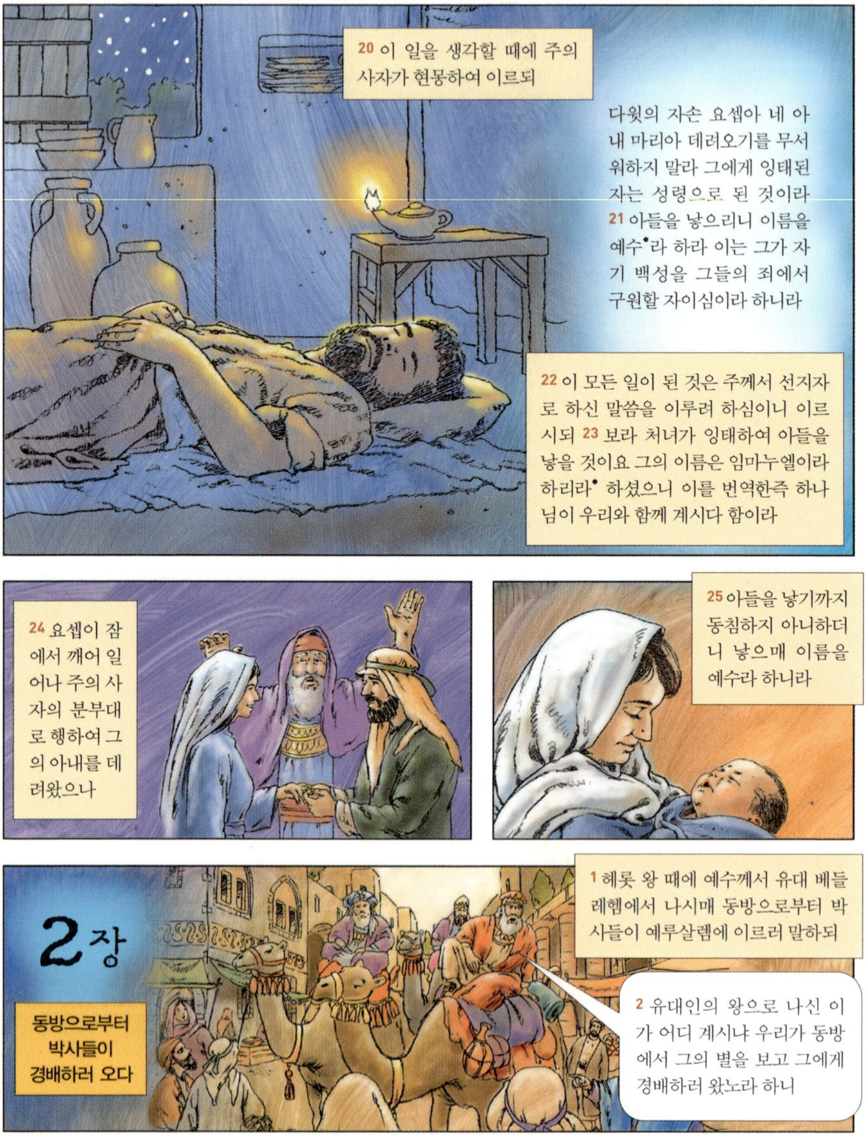

20 이 일을 생각할 때에 주의 사자가 현몽하여 이르되

다윗의 자손 요셉아 네 아내 마리아 데려오기를 무서워하지 말라 그에게 잉태된 자는 성령으로 된 것이라
21 아들을 낳으리니 이름을 예수*라 하라 이는 그가 자기 백성을 그들의 죄에서 구원할 자이심이라 하니라

22 이 모든 일이 된 것은 주께서 선지자로 하신 말씀을 이루려 하심이니 이르시되
23 보라 처녀가 잉태하여 아들을 낳을 것이요 그의 이름은 임마누엘이라 하리라* 하셨으니 이를 번역한즉 하나님이 우리와 함께 계시다 함이라

24 요셉이 잠에서 깨어 일어나 주의 사자의 분부대로 행하여 그의 아내를 데려왔으나

25 아들을 낳기까지 동침하지 아니하더니 낳으매 이름을 예수라 하니라

1:21 **예수** 예수라는 이름은 '구원'이라는 뜻을 가지고 있다.
1:23 **보라 처녀가 … 임마누엘이라 하리라** 사 7:14 인용

3 헤롯 왕과 온 예루
살렘이 듣고 소동
한지라 4 왕이 모
든 대제사장과 백
성의 서기관들을
모아 그리스도가
어디서 나겠느냐
물으니 5 이르되

6 또 유대 땅 베들레헴
아 너는 유대 고을 중
에서 가장 작지 아니
하도다 네게서 한 다
스리는 자가 나와서
내 백성 이스라엘의
목자가 되리라 하였음
이니이다 미 5:2

7 이에 헤롯이 가
만히 박사들을
불러 별이 나타
난 때를 자세히
묻고 8 베들레헴
으로 보내며 이
르되

9 박사들이 왕의 말을 듣고 갈
새 동방에서 보던 그 별이 문득
앞서 인도하여 가다가 아기 있
는 곳 위에 머물러 서 있는지라
10 그들이 별을 보고 매우 크게
기뻐하고 기뻐하더라 11 집에
들어가 아기와 그의 어머니 마
리아가 함께 있는 것을 보고 엎
드려 아기께 경배하고

12 그들은 꿈에 헤
롯에게로 돌아가지
말라 지시하심을 받
아 다른 길로 고국
에 돌아가니라

애굽으로 피하다

13 그들이 떠난 후에 주의 사자
가 요셉에게 현몽하여 이르되

헤롯이 아기를 찾아 죽이려 하니 일어나 아
기와 그의 어머니를 데리고 애굽으로 피하여
내가 네게 이르기까지 거기 있으라 하시니

14 요셉이 일어나서 밤에
아기와 그의 어머니를 데
리고 애굽으로 떠나가

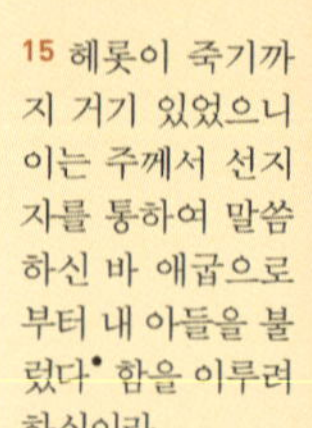

15 헤롯이 죽기까지 거기 있었으니 이는 주께서 선지자를 통하여 말씀하신 바 애굽으로부터 내 아들을 불렀다• 함을 이루려 하심이라

16 이에 헤롯이 박사들에게 속은 줄 알고 심히 노하여

사람을 보내어 베들레헴과 그 모든 지경 안에 있는 사내아이를 박사들에게 자세히 알아본 그 때를 기준하여 두 살부터 그 아래로 다 죽이니

17 이에 선지자 예레미야를 통하여 말씀하신 바

18 라마에서 슬퍼하며 크게 통곡하는 소리가 들리니 라헬이 그 자식을 위하여 애곡하는 것이라 그가 자식이 없으므로 위로 받기를 거절하였도다 함이 이루어졌느니라

렘 31:15

애굽에서 이스라엘 땅으로

19 헤롯이 죽은 후에 주의 사자가 애굽에서 요셉에게 현몽하여 이르되

20 일어나 아기와 그의 어머니를 데리고 이스라엘 땅으로 가라 아기의 목숨을 찾던 자들이 죽었느니라 하시니

21 요셉이 일어나 아기와 그의 어머니를 데리고 이스라엘 땅으로 들어가니라

22 그러나 아켈라오가 그의 아버지 헤롯을 이어 유대의 임금 됨을 듣고 거기로 가기를 무서워하더니 꿈에 지시하심을 받아 갈릴리 지방으로 떠나가

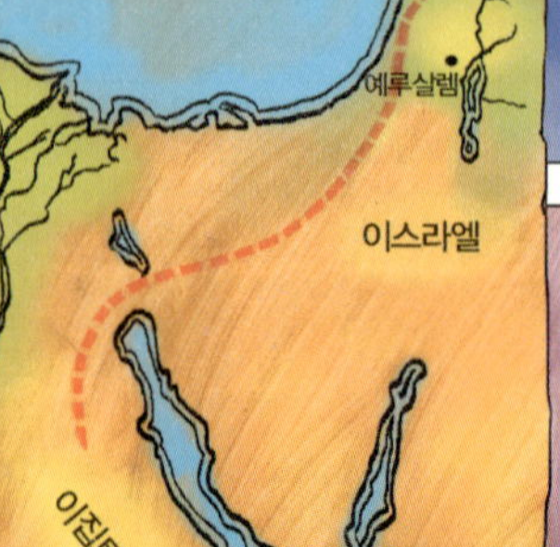

23 나사렛이란 동네에 가서 사니 이는 선지자로 하신 말씀에 나사렛 사람•이라 칭하리라 하심을 이루려 함이러라

2:15 **애굽으로부터 … 불렀다** 호 11:1 인용
2:23 **나사렛 사람** 나사렛이란 도시 출신의 사람. 여기서 마태는 이사야서 11장 1절을 가리키는 것 같다. 이사야서 11장 1절에서 '가지'로 번역된 히브리어의 발음은 '나사렛 사람'이라는 말의 발음과 유사하다.

3장
세례 요한이 천국을 전파하다
1 그 때에 세례 요한이 이르러 유대 광야에서 전파하여 말하되
2 회개하라 천국이 가까이 왔느니라 하였으니
3 그는 선지자 이사야를 통하여 말씀하신 자라 일렀으되
광야에 외치는 자의 소리가 있어 이르되 너희는 주의 길을 준비하라 그가 오실 길을 곧게 하라 하였느니라 사 40:3
4 이 요한은 낙타털 옷을 입고 허리에 가죽 띠를 띠고 음식은 메뚜기와 석청이었더라 5 이 때에 예루살렘과 온 유대와 요단 강 사방에서 다 그에게 나아와 6 자기들의 죄를 자복하고 요단 강에서 그에게 세례를 받더니 7 요한이 많은 바리새인들과 사두개인들이 세례 베푸는 데로 오는 것을 보고 이르되

세례를 받으시다

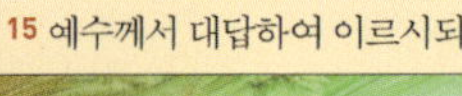

3:10 **이미 도끼가 … 던져지리라** 이것은 하나님께서 그분께 순종하지 않는 그분의 백성을 심판할 준비가 되어 있다는 뜻이다.
3:12 **손에 … 태우시리라** 이것은 예수님께서 오시어 선한 사람들과 악한 사람들을 구분하여 선한 사람들을 구원하고 악한 사람들에게 벌을 내리실 것이라는 뜻이다.

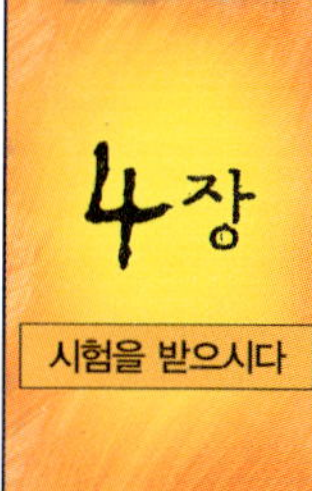

4:4 **사람이 … 살 것이라** 신 8:3 인용
4:7 **주 너의 하나님을 시험하지 말라** 신 6:16 인용
4:10 **주 너의 … 섬기라** 신 6:13 인용

11 이에 마귀는 예수를 떠나고 천사
들이 나아와서 수종드니라
비로소 천국을 전파하시다
12 예수께서 요한이 잡혔음을 들으
시고 갈릴리로 물러가셨다가 13 나
사렛을 떠나 스불론과 납달리 지경
해변에 있는 가버나움에 가서 사시
니 14 이는 선지자 이사야를 통하여
하신 말씀을 이루려 하심이라 일렀
으되
15 스불론 땅과 납달리 땅과 요단 강
저편 해변 길과 이방의 갈릴리여 16
흑암에 앉은 백성이 큰 빛을 보았고
사망의 땅과 그늘에 앉은 자들에게
빛이 비치었도다 하였느니라
사 9:1,2
17 이 때부터 예수께서 비
로소 전파하여 이르시되
회개하라 천국이 가까
이 왔느니라 하시더라
갈릴리
가버나움
납달리
갈릴리 호수
나사렛
스불론
지중해
요단강
사해

어부들을 부르시다

18 갈릴리 해변에 다니시다가 두 형제 곧
베드로라 하는 시몬과 그의 형제 안드레
가 바다에 그물 던지는 것을 보시니 그들
은 어부라 19 말씀하시되

나를 따라오라 내가 너
희를 사람을 낚는 어부
가 되게 하리라 하시니

20 그들이 곧 그물을 버려 두고 예수를 따르니라 21
거기서 더 가시다가 다른 두 형제 곧 세베대의 아들
야고보와 그의 형제 요한이 그의 아버지 세베대와 함
께 배에서 그물 깁는 것을 보시고 부르시니 22 그들
이 곧 배와 아버지를 버려 두고 예수를 따르니라

가르치시며 전파하시며 고치시다

23 예수께서 온 갈릴리에 두루 다
니사 그들의 회당에서 가르치시며
천국 복음을 전파하시며 백성 중의
모든 병과 모든 약한 것을 고치시
니 24 그의 소문이 온 수리아에 퍼
진지라 사람들이 모든 앓는 자 곧
각종 병에 걸려서 고통 당하는 자,
귀신 들린 자, 간질하는 자•, 중풍
병자들을 데려오니 그들을 고치시
더라 25 갈릴리와 데가볼리•와 예
루살렘과 유대와 요단 강 건너편에
서 수많은 무리가 따르니라

5장

복이 있는 사람

1 예수께서 무리를 보시고

4:24 **간질하는 자** 이 병에 걸린 사람은 때때로 몸을 통제할 수 없어 기절하거나 심하게 몸을 흔들거나 또는 전혀 몸을 움직일 수 없게 된다.
4:25 **데가볼리** '열 도시'라는 뜻의 헬라어. 갈릴리 호수 동편의 이 지역에는 한때 열 개의 주요 도시가 있었다.

산에 올라가
앉으시니 제
자들이 나아
온지라 2 입
을 열어 가르
쳐 이르시되

3 심령이 가난한 자는 복이
있나니 천국이 그들의 것
임이요 4 애통하는 자는
복이 있나니 그들이 위로
를 받을 것임이요 5 온유
한 자는 복이 있나니 그들
이 땅을 기업으로 받을 것
임이요 6 의에 주리고 목
마른 자는 복이 있나니 그
들이 배부를 것임이요

7 긍휼히 여기는 자는 복이 있나
니 그들이 긍휼히 여김을 받을 것
임이요 8 마음이 청결한 자는 복
이 있나니 그들이 하나님을 볼 것
임이요 9 화평하게 하는 자는 복
이 있나니 그들이 하나님의 아들
이라 일컬음을 받을 것임이요 10
의를 위하여 박해를 받은 자는 복
이 있나니 천국이 그들의 것임이
라 11 나로 말미암아 너희를 욕하
고 박해하고 거짓으로 너희를 거
슬러 모든 악한 말을 할 때에는 너
희에게 복이 있나니 12 기뻐하고
즐거워하라 하늘에서 너희의 상
이 큼이라 너희 전에 있던 선지자
들도 이같이 박해하였느니라

소금이요 빛이라

13 너희는 세상의 소금이니 소금
이 만일 그 맛을 잃으면 무엇으로
짜게 하리요 후에는 아무 쓸 데 없
어 다만 밖에 버려져 사람에게 밟
힐 뿐이니라 14 너희는 세상의 빛
이라 산 위에 있는 동네가 숨겨지
지 못할 것이요 15 사람이 등불을
켜서 말 아래에 두지 아니하고 등
경 위에 두나니 이러므로 집 안 모
든 사람에게 비치느니라 16 이같
이 너희 빛이 사람 앞에 비치게 하

여 그들로 너희 착한 행실을 보
고 하늘에 계신 너희 아버지께
영광을 돌리게 하라

예수와 율법

17 내가 율법이나 선지자를 폐하
러 온 줄로 생각하지 말라 폐하
러 온 것이 아니요 완전하게 하
려 함이라 18 진실로 너희에게
이르노니 천지가 없어지기 전에
는 율법의 일점 일획도 결코 없
어지지 아니하고 다 이루리라 19
그러므로 누구든지 이 계명 중의
지극히 작은 것 하나라도 버리고
또 그같이 사람을 가르치는 자는
천국에서 지극히 작다 일컬음을
받을 것이요 누구든지 이를 행하
며 가르치는 자는 천국에서 크다
일컬음을 받으리라 20 내가 너희
에게 이르노니 너희 의가 서기관
과 바리새인보다 더 낫지 못하면
결코 천국에 들어가지 못하리라

노하지 말라

21 옛 사람에게 말한 바 살인하지
말라• 누구든지 살인하면 심판
을 받게 되리라 하였다는 것을
너희가 들었으나 22 나는 너희에
게 이르노니 형제•에게 노하는
자마다 심판을 받게 되고 형제를
대하여 라가라 하는 자는 공회에
잡혀가게 되고 미련한 놈이라 하
는 자는 지옥 불에 들어가게 되리
라 23 그러므로 예물을 제단에
드리려다가 거기서 네 형제에게
원망들을 만한 일이 있는 것이
생각나거든 24 예물을 제단 앞에
두고 먼저 가서 형제와 화목하고
그 후에 와서 예물을 드리라 25
너를 고발하는 자와 함께 길에
있을 때에 급히 사화하라 그 고
발하는 자가 너를 재판관에게 내
어 주고 재판관이 옥리에게 내어
주어 옥에 가둘까 염려하라 26
진실로 네게 이르노니 네가 한
푼이라도 남김이 없이 다 갚기
전에는 결코 거기서 나오지 못하
리라

간음하지 말라

27 또 간음하지 말라• 하였다는
것을 너희가 들었으나 28 나는
너희에게 이르노니 음욕을 품고
여자를 보는 자마다 마음에 이미
간음하였느니라 29 만일 네 오른
눈이 너로 실족하게 하거든 빼어
내버리라 네 백체 중 하나가 없
어지고 온 몸이 지옥에 던져지지
않는 것이 유익하며 30 또한 만
일 네 오른손이 너로 실족하게
하거든 찍어 내버리라 네 백체
중 하나가 없어지고 온 몸이 지
옥에 던져지지 않는 것이 유익하
니라 31 또 일렀으되 누구든지
아내를 버리려거든 이혼 증서를
줄 것이라• 하였으나 32 나는 너
희에게 이르노니 누구든지 음행
한 이유 없이 아내를 버리면 이
는 그로 간음하게 함이요 또 누
구든지 버림받은 여자에게 장가
드는 자도 간음함이니라

5:21 살인하지 말라 출 20:13 또는 신 5:17 인용
5:22 형제 일부 헬라어 사본들에서는 "형제에게 노하는 자마다" 앞에 "이유 없이"가 붙어 있다.
5:27 간음하지 말라 출 20:14 또는 신 5:18 인용
5:31 누구든지 … 줄 것이라 신 24:1 인용

맹세하지 말라

33 또 옛 사람에게 말한 바 헛 맹세를 하지 말고 네 맹세한 것을 주께 지키라• 하였다는 것을 너희가 들었으나 34 나는 너희에게 이르노니 도무지 맹세하지 말지니 하늘로도 하지 말라 이는 하나님의 보좌임이요 35 땅으로도 하지 말라 이는 하나님의 발등상임이요 예루살렘으로도 하지 말라 이는 큰 임금의 성임이요 36 네 머리로도 하지 말라 이는 네가 한 터럭도 희고 검게 할 수 없음이라 37 오직 너희 말은 옳다 옳다, 아니라 아니라 하라 이에서 지나는 것은 악으로부터 나느니라

악한 자를 대적하지 말라

38 또 눈은 눈으로, 이는 이로 갚으라• 하였다는 것을 너희가 들었으나 39 나는 너희에게 이르노니 악한 자를 대적하지 말라 누구든지 네 오른편 뺨을 치거든 왼편도 돌려 대며 40 또 너를 고발하여 속옷을 가지고자 하는 자에게 겉옷까지도 가지게 하며 41 또 누구든지 너로 억지로 오 리를 가게 하거든 그 사람과 십 리를 동행하고 42 네게 구하는 자에게 주며 네게 꾸고자 하는 자에게 거절하지 말라

원수를 사랑하라

43 또 네 이웃을 사랑하고• 네 원수를 미워하라 하였다는 것을 너희가 들었으나 44 나는 너희에게 이르노니 너희 원수를 사랑하며 너희를 박해하는 자를 위하여 기도하라• 45 이같이 한즉 하늘에 계신 너희 아버지의 아들이 되리니 이는 하나님이 그 해를 악인과 선인에게 비추시며 비를 의로운 자와 불의한 자에게 내려 주심이라 46 너희가 너희를 사랑하는 자를 사랑하면 무슨 상이 있으리요 세리도 이같이 아니하느냐 47 또 너희가 너희 형제에게만 문안하면 남보다 더하는 것이 무엇이냐 이방인들도 이같이 아니하느냐 48 그러므로 하늘에 계신 너희 아버지의 온전하심과 같이 너희도 온전하라

6장

구제함을 은밀하게 하라

1 사람에게 보이려고 그들 앞에서 너희 의를 행하지 않도록 주의하라 그리하지 아니하면 하늘에 계신 너희 아버지께 상을 받지 못하느니라 2 그러므로 구제할 때에 외식하는 자가 사람에게서 영광을 받으려고 회당과 거리에서 하는 것 같이 너희 앞에 나팔을 불지 말라 진실로 너희에게 이르노니 그들은 자기 상을 이미 받았느니라 3 너는 구제할 때에 오른손이 하는 것을 왼손이 모르게 하여 4 네 구제함을 은밀하게 하라 은밀한 중에 보시는 너의 아버지께서 갚으시리라

너희는 이렇게 기도하라

5 또 너희는 기도할 때에 외식하는 자와 같이 하지 말라 그들은 사람에게 보이려고 회당과 큰 거리 어귀에 서서 기도하기를 좋아하느니라 내가 진실로 너희에게 이르노니 그들은 자기 상을 이미 받았느니라 6 너는 기도할 때에 네 골방에 들어가 문을 닫고 은밀한 중에 계신 네 아버지께 기도하라 은밀한 중에 보시는 네 아버지께서 갚으시리라 7 또 기도할 때에 이방인과 같이 중언부언하지 말라 그들은 말을 많이 하여야 들으실 줄 생각하느니라 8 그러므로 그들을 본받지 말라 구하기 전에 너희에게 있어야 할 것을 하나님 너희 아버지께서 아시느니라 9 그러므로 너희는 이렇게 기도하라

5:33 **헛 맹세를 … 지키라** 레 19:12, 민 30:2 또는 신 23:21 인용
5:38 **눈은 … 갚으라** 출 21:24, 레 24:20 또는 신 19:21 인용
5:43 **네 이웃을 사랑하고** 레 19:18 인용
5:44 **기도하라** 일부 헬라어 사본들에서는 "기도하라" 다음에 "너희를 저주하는 자를 위하여 축복하고 너희를 미워하는 자에게 너그럽게 대하라"가 이어진다(비교, 눅 6:28).

하늘에 계신 우리 아버지여
이름이 거룩히 여김을 받으
시오며 10 나라가 임하시오
며 뜻이 하늘에서 이루어진
것 같이 땅에서도 이루어지
이다 11 오늘 우리에게 일용
할 양식을 주시옵고 12 우리
가 우리에게 죄 지은 자를 사
하여 준 것 같이 우리 죄를
사하여 주시옵고

13 우리를 시험에 들게
하지 마시옵고 다만 악
에서 구하시옵소서 (나
라와 권세와 영광이 아
버지께 영원히 있사옵
나이다 아멘)• 14 너희
가 사람의 잘못을 용서
하면 너희 하늘 아버지
께서도 너희 잘못을 용
서하시려니와

15 너희가 사람의 잘못을 용서하지 아니하면 너희 아
버지께서도 너희 잘못을 용서하지 아니하시리라

외식으로 금식하지 말라

16 금식•할 때에 너희는 외식하는 자들과 같이 슬픈
기색을 보이지 말라 그들은 금식하는 것을 사람에게
보이려고 얼굴을 흉하게 하느니라 내가 진실로 너희
에게 이르노니 그들은 자기 상을 이미 받았느니라 17
너는 금식할 때에 머리에 기름을 바르고 얼굴을 씻으
라 18 이는 금식하는 자로 사람에게 보이지 않고 오직
은밀한 중에 계신 네 아버지께 보이게 하려 함이라 은
밀한 중에 보시는 네 아버지께서 갚으시리라

보물을 하늘에 쌓아 두라

19 너희를 위하여 보물을 땅에 쌓아 두지 말라 거기는
좀과 동록이 해하며 도둑이 구멍을 뚫고 도둑질하느
니라 20 오직 너희를 위하여 보물을 하늘에 쌓아 두라
거기는 좀이나 동록이 해하지 못하며 도둑이 구멍을
뚫지도 못하고 도둑질도 못하느니라 21 네 보물 있는
그 곳에는 네 마음도 있느니라 22 눈은 몸의 등불이니
그러므로 네 눈이 성하면 온 몸이 밝을 것이요 23 눈
이 나쁘면 온 몸이 어두울 것이니 그러므로 네게 있는
빛이 어두우면 그 어둠이 얼마나 더하겠느냐 24 한 사
람이 두 주인을 섬기지 못할 것이니 혹 이를 미워하고
저를 사랑하거나 혹 이를 중히 여기고 저를 경히 여김
이라 너희가 하나님과 재물을 겸하여 섬기지 못하느
니라 25 그러므로 내가 너희에게 이르노니 목숨을 위
하여 무엇을 먹을까 무엇을 마실까 몸을 위하여 무엇
을 입을까 염려하지 말라 목숨이 음식보다 중하지 아
니하며 몸이 의복보다 중하지 아니하냐

6:13 **(나라와 … 아멘)** 일부 헬라어 사본들에서는 이 괄호 안의 부분이 나오지 않는다.
6:16 **금식** 기도하며 하나님을 경배하는 특별한 때에 사람들은 금식하였다. 또한 금식은 슬픔의 표현이기도 했다.

26 공중의 새를 보라 심지도 않고
거두지도 않고 창고에 모아들이지
도 아니하되 너희 하늘 아버지께서
기르시나니 너희는 이것들보다 귀
하지 아니하냐 27 너희 중에 누가

염려함으로 그 키를 한 자라도 더
할 수 있겠느냐 28 또 너희가 어찌
의복을 위하여 염려하느냐 들의 백
합화가 어떻게 자라는가 생각하여
보라 수고도 아니하고 길쌈도 아니
하느니라 29 그러나 내가 너희에게

말하노니 솔로몬의 모든 영광으로
도 입은 것이 이 꽃 하나만 같지 못
하였느니라 30 오늘 있다가 내일

아궁이에 던져지는 들풀도 하나님
이 이렇게 입히시거든 하물며 너희
일까보냐 믿음이 작은 자들아 31
그러므로 염려하여 이르기를 무엇
을 먹을까 무엇을 마실까 무엇을
입을까 하지 말라 32 이는 다 이방
인들이 구하는 것이라 너희 하늘
아버지께서 이 모든 것이 너희에게
있어야 할 줄을 아시느니라 33 그
런즉 너희는 먼저 그의 나라와 그
의 의를 구하라 그리하면 이 모든
것을 너희에게 더하시리라 34 그러
므로 내일 일을 위하여 염려하지

말라 내일 일은 내일이 염려할 것
이요 한 날의 괴로움은 그 날로 족
하니라

7장

비판하지 말라

1 비판을 받지 아니하려거든 비판
하지 말라 2 너희가 비판하는 그
비판으로 너희가 비판을 받을 것이
요 너희가 헤아리는 그 헤아림으로
너희가 헤아림을 받을 것이니라 3
어찌하여 형제의 눈 속에 있는 티
는 보고 네 눈 속에 있는 들보는 깨
닫지 못하느냐 4 보라 네 눈 속에
들보가 있는데 어찌하여 형제에게
말하기를 나로 네 눈 속에 있는 티
를 빼게 하라 하겠느냐 5 외식하는
자여 먼저 네 눈 속에서 들보를 빼
어라 그 후에야 밝히 보고 형제의
눈 속에서 티를 빼리라 6 거룩한 것
을 개에게 주지 말며 너희 진주를
돼지 앞에 던지지 말라 그들이 그것
을 발로 밟고 돌이켜 너희를 찢어
상하게 할까 염려하라

구하라 찾으라 문을 두드리라

7 구하라 그리하면 너희에게 주실
것이요 찾으라 그리하면 찾아낼 것
이요 문을 두드리라 그리하면 너희
에게 열릴 것이니 8 구하는 이마다
받을 것이요 찾는 이는 찾아낼 것
이요 두드리는 이에게는 열릴 것이
니라 9 너희 중에 누가 아들이 떡
을 달라 하는데 돌을 주며 10 생선
을 달라 하는데 뱀을 줄 사람이 있
겠느냐 11 너희가 악한 자라도 좋

은 것으로 자식에게 줄 줄 알거든
하물며 하늘에 계신 너희 아버지께
서 구하는 자에게 좋은 것으로 주
시지 않겠느냐 12 그러므로 무엇
이든지 남에게 대접을 받고자 하
는 대로 너희도 남을 대접하라 이
것이 율법이요 선지자니라

좁은 문

13 좁은 문으로 들어가라 멸망으로
인도하는 문은 크고 그 길이 넓어
그리로 들어가는 자가 많고 14 생
명으로 인도하는 문은 좁고 길이
협착하여 찾는 자가 적음이라

열매로 그들을 알리라

15 거짓 선지자들을 삼가라 양의 옷
을 입고 너희에게 나아오나 속에는
노략질하는 이리라 16 그들의 열매
로 그들을 알지니 가시나무에서 포
도를, 또는 엉겅퀴에서 무화과를
따겠느냐 17 이와 같이 좋은 나무
마다 아름다운 열매를 맺고 못된
나무가 나쁜 열매를 맺나니 18 좋
은 나무가 나쁜 열매를 맺을 수 없
고 못된 나무가 아름다운 열매를
맺을 수 없느니라 19 아름다운 열
매를 맺지 아니하는 나무마다 찍혀
불에 던져지느니라 20 이러므로 그
들의 열매로 그들을 알리라 21 나
더러 주여 주여 하는 자마다 다 천
국에 들어갈 것이 아니요 다만 하
늘에 계신 내 아버지의 뜻대로 행
하는 자라야 들어가리라 22 그 날
에 많은 사람이 나더러 이르되 주
여 주여 우리가 주의 이름으로 선
지자 노릇 하며 주의 이름으로 귀
신을 쫓아 내며 주의 이름으로 많
은 권능을 행하지 아니하였나이까
하리니 23 그 때에 내가 그들에게
밝히 말하되 내가 너희를 도무지
알지 못하니 불법을 행하는 자들아
내게서 떠나가라 하리라 24 그러므
로 누구든지 나의 이 말을 듣고 행
하는 자는 그 집을 반석 위에 지은

지혜로운 사람 같으리니 25 비가
내리고 창수가 나고 바람이 불어 그
집에 부딪치되 무너지지 아니하나
니 이는 주추를 반석 위에 놓은 까
닭이요 26 나의 이 말을 듣고 행하
지 아니하는 자는 그 집을 모래 위
에 지은 어리석은 사람 같으리니
27 비가 내리고 창수가 나고 바람이
불어 그 집에 부딪치매 무너져 그
무너짐이 심하니라

무리들이 가르치심에 놀라다

28 예수께서 이 말
씀을 마치시매 무
리들이 그의 가르
치심에 놀라니 29
이는 그 가르치시
는 것이 권위 있는
자와 같고 그들의
서기관들과 같지
아니함일러라

8장

나병환자를 깨끗하게 하시다

1 예수께서 산에서 내려
오시니 수많은 무리가 따
르니라 2 한 나병환자가
나아와 절하며 이르되

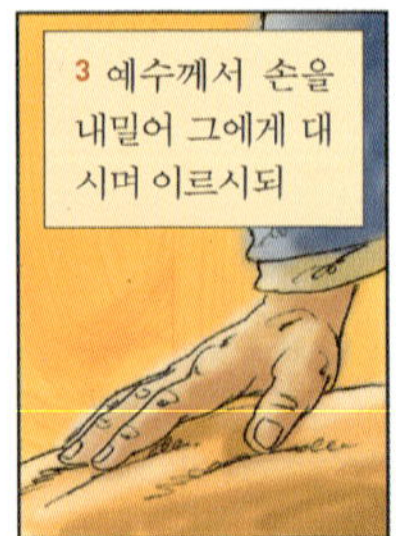

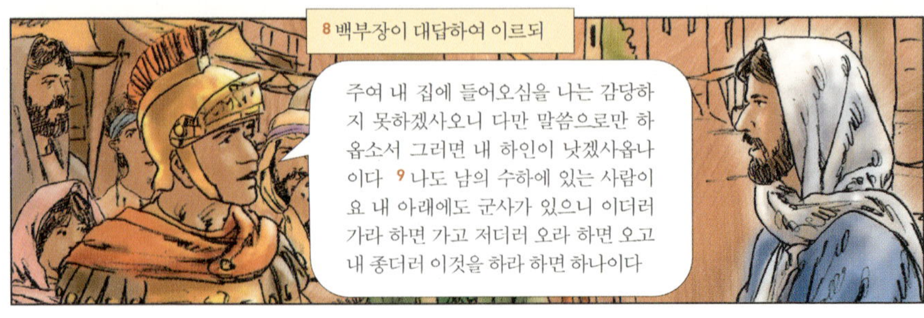

8:4 제사장에게 네 몸을 보이고 모세의 율법에 따르면, 제사장은 나병에 걸린 사람이 언제 회복된 것인지를 판단해 주어야 했다.
8:4 모세가 명한 이것에 대해 자세히 알려면 레위기 14장 1-32절을 읽으라.

많은 사람들을 다 고치시다

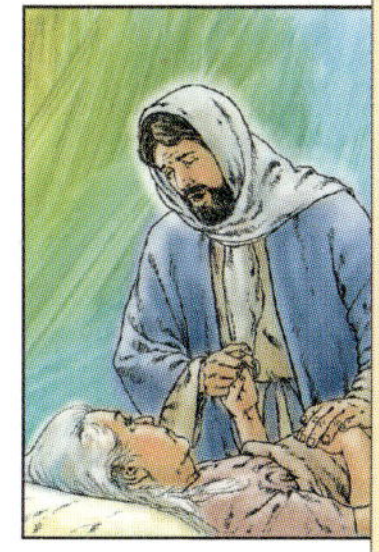

17 이는 선지자 이사야를 통하여 하신 말씀에
우리의 연약한 것을 친히 담당하시고 병을 짊어지셨도다 함을 이루려 하심이더라 사 53:4
나를 따르라
18 예수께서 무리가 자기를 에워싸는 것을 보시고 건너편으로 가기를 명하시니라 19 한 서기관이 나아와 예수께 아뢰되

선생님이여 어디로 가시든지 저는 따르리이다
20 예수께서 이르시되
여우도 굴이 있고 공중의 새도 거처가 있으되 인자는 머리 둘 곳이 없다 하시더라

21 제자 중에 또 한 사람이 이르되
주여 내가 먼저 가서 내 아버지를 장사하게 허락하옵소서

22 예수께서 이르시되
죽은 자들이 그들의 죽은 자들을 장사하게 하고 너는 나를 따르라 하시니라

바람과 바다를 잔잔하게 하시다
23 배에 오르시매 제자들이 따랐더니 24 바다에 큰 놀이 일어나 배가 물결에 덮이게 되었으되 예수께서는 주무시는지라

귀신 들린 두 사람을 고치시다

8:28 **가다라 지방** 갈릴리 호수 동남쪽에 있던 지역이지만 구체적인 위치는 불확실하다. 어떤 헬라어 사본들에서는 '게르게사인의 지방'으로, 또 다른 헬라어 사본들에서는 '거라사인의 지방'으로 나온다.

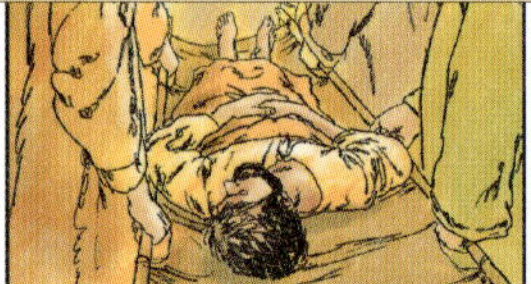

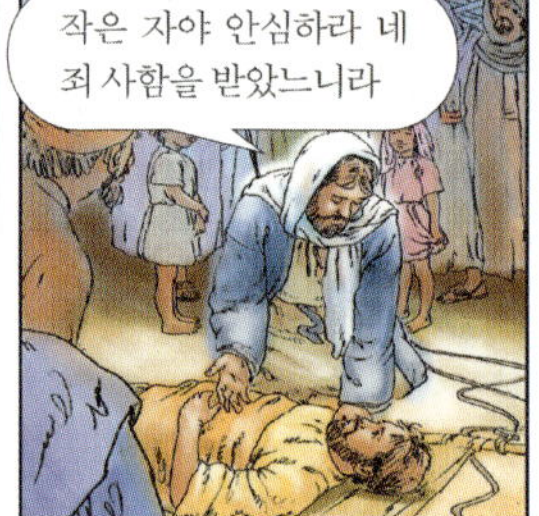

9:3 **신성을 모독하도다** 하나님께 대해 불경스런 말을 하다.

마태를 부르시다

9 예수께서 그 곳을 떠나 지나가시다가 마태라 하는 사람이 세관에 앉아 있는 것을 보시고 이르시되

하시니 일어나 따르니라 10 예수께서 마태의 집에서 앉아 음식을 잡수실 때에 많은 세리와 죄인들이 와서 예수와 그의 제자들과 함께 앉았더니 11 바리새인들이 보고 그의 제자들에게 이르되

12 예수께서 들으시고 이르시되

금식 논쟁

14 그 때에 요한*의 제자들이 예수께 나아와 이르되

15 예수께서 그들에게 이르시되

이는 기운 것이 그 옷을 당기어 해어짐이 더하게 됨이요 17 새 포도

주를 낡은 가죽 부대에 넣지 아니하나니 그렇게 하면 부대가 터져 포도주도 쏟아지고 부대도 버리게

됨이라 새 포도주는 새 부대에 넣어야 둘이 다 보전되느니라

9:13 내가 … 아니하노라 호 6:6 인용
9:14 요한 그리스도께서 오실 것을 사람들에게 미리 선포한 세례 요한(마 3장 ; 눅 3장 참조).

마태복음 9:18－27

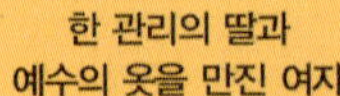

18 예수께서 이 말씀을 하실 때에 한 관리가 와서 절하며 이르되

19 예수께서 일어나 따라가시매 제자들도 가더니
20 열두 해 동안이나 혈루증으로 앓는 여자가 예수의 뒤로 와서 그 겉옷 가를 만지니

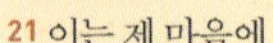

21 이는 제 마음에

22 예수께서 돌이켜 그를 보시며 이르시되

하시니 여자가 그 즉시 구원을 받으니라

23 예수께서 그 관리의 집에 가사 피리 부는 자들과 떠드는 무리를 보시고
24 이르시되

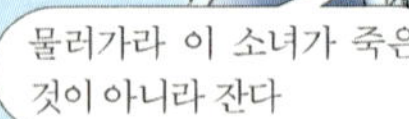

하시니 그들이 비웃더라

25 무리를 내보낸 후에 예수께서 들어가사 소녀의 손을 잡으시매

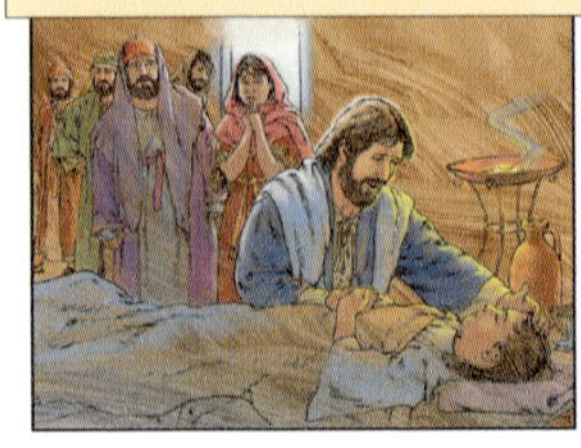

일어나는지라

26 그 소문이 그 온 땅에 퍼지더라

맹인들의 눈을 뜨게 하시다

27 예수께서 거기에서 떠나가실새 두 맹인이 따라오며 소리 질러 이르되

말 못하는 사람을 고치시다

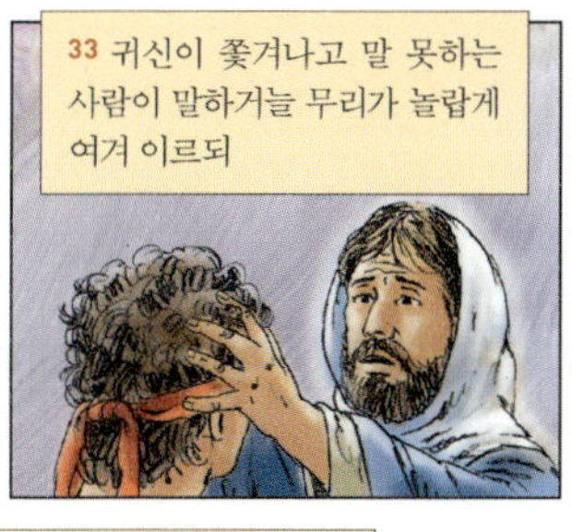

무리를 불쌍히 여기시다

35 예수께서 모든 도시와 마을
에 두루 다니사 그들의 회당에
서 가르치시며 천국 복음을 전
파하시며 모든 병과 모든 약한
것을 고치시니라 36 무리를 보
시고 불쌍히 여기시니 이는 그
들이 목자 없는 양과 같이 고생
하며 기진함이라

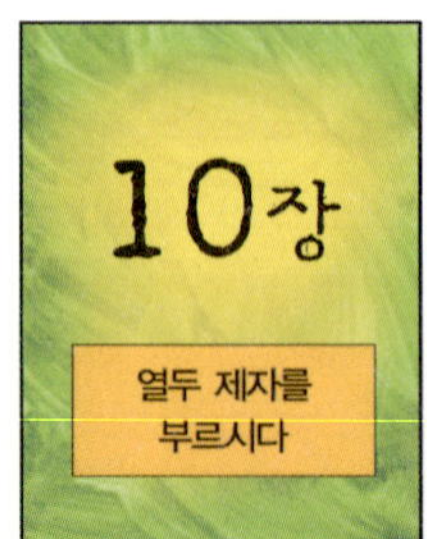

9:37,38 **추수할 것은 많되 … 일꾼들을 보내 주소서 하라** 농부가 곡식을 추수하기 위해 일꾼들을 보내듯이 예수님도 사람들을 하나님께 이끌기 위해 자신의 추종자들을 보내신다.

5 예수께서 이 열둘을 내보내시며
명하여 이르시되
이방인의 길로도 가지 말고 사마
리아인의 고을에도 들어가지 말
고 6 오히려 이스라엘 집의 잃어
버린 양에게로 가라 7 가면서 전
파하여 말하되 천국이 가까이 왔
다 하고 8 병든 자를 고치며 죽
은 자를 살리며 나병환자를 깨끗
하게 하며 귀신을 쫓아내되 너희
가 거저 받았으니 거저 주라 9
너희 전대에 금이나 은이나 동을
가지지 말고 10 여행을 위하여
배낭이나 두 벌 옷이나 신이나
지팡이를 가지지 말라 이는 일꾼
이 자기의 먹을 것 받는 것이 마
땅함이라 11 어떤 성이나 마을
에 들어가든지 그 중에 합당한
자를 찾아내어 너희가 떠나기까
지 거기서 머물라 12 또 그 집에
들어가면서 평안하기를 빌라 13
그 집이 이에 합당하면 너희 빈
평안이 거기 임할 것이요 만일
합당하지 아니하면 그 평안이 너
희에게 돌아올 것이니라 14 누구
든지 너희를 영접하지도 아니하
고 너희 말을 듣지도 아니하거든
그 집이나 성에서 나가 너희 발
의 먼지를 떨어 버리라• 15 내가
진실로 너희에게 이르노니 심판
날에 소돔과 고모라• 땅이 그 성
보다 견디기 쉬우리라

미움을 받을 것이다

16 보라 내가 너희를 보냄이 양
을 이리 가운데로 보냄과 같도다
그러므로 너희는 뱀 같이 지혜롭
고 비둘기 같이 순결하라 17 사
람들을 삼가라 그들이 너희를 공
회에 넘겨 주겠고 그들의 회당에
서 채찍질하리라 18 또 너희가
나로 말미암아 총독들과 임금들
앞에 끌려 가리니 이는 그들과
이방인들에게 증거가 되게 하려
하심이라

10:14 너희 발의 먼지를 떨어 버리라 이것은 그들이 사람들에게 할 말을 다했다는 표시가 된다.
10:15 소돔과 고모라 너무나 악했기 때문에 하나님께 멸망당한 두 도시

19 너희를 넘겨 줄 때에 어떻게
또는 무엇을 말할까 염려하지 말
라 그 때에 너희에게 할 말을 주
시리니 20 말하는 이는 너희가
아니라 너희 속에서 말씀하시는
이 곧 너희 아버지의 성령이시니
라 21 장차 형제가 형제를, 아버
지가 자식을 죽는 데에 내주며
자식들이 부모를 대적하여 죽게
하리라 22 또 너희가 내 이름으
로 말미암아 모든 사람에게 미움
을 받을 것이나 끝까지 견디는
자는 구원을 얻으리라 23 이 동
네에서 너희를 박해하거든 저 동
네로 피하라 내가 진실로 너희에
게 이르노니 이스라엘의 모든 동
네를 다 다니지 못하여서 인자가
오리라

두려워할 분을 두려워하라

24 제자가 그 선생보다, 또는 종
이 그 상전보다 높지 못하나니
25 제자가 그 선생 같고 종이 그
상전 같으면 족하도다 집 주인을
바알세불이라 하였거든 하물며
그 집 사람들이랴 26 그런즉 그
들을 두려워하지 말라 감추인 것
이 드러나지 않을 것이 없고 숨
은 것이 알려지지 않을 것이 없
느니라 27 내가 너희에게 어두
운 데서 이르는 것을 광명한 데
서 말하며 너희가 귓속말로 듣는
것을 집 위에서 전파하라 28 몸
은 죽여도 영혼은 능히 죽이지
못하는 자들을 두려워하지 말고
오직 몸과 영혼을 능히 지옥에
멸하실 수 있는 이를 두려워하라
29 참새 두 마리가 한 앗사리온
에 팔리지 않느냐 그러나 너희
아버지께서 허락하지 아니하시
면 그 하나도 땅에 떨어지지 아
니하리라 30 너희에게는 머리털
까지 다 세신 바 되었나니 31 두
려워하지 말라 너희는 많은 참새
보다 귀하니라 32 누구든지 사
람 앞에서 나를 시인하면 나도
하늘에 계신 내 아버지 앞에서
그를 시인할 것이요 33 누구든
지 사람 앞에서 나를 부인하면
나도 하늘에 계신 내 아버지 앞
에서 그를 부인하리라

검을 주러 왔다

34 내가 세상에 화평을 주러 온
줄로 생각하지 말라 화평이 아니
요 검을 주러 왔노라 35 내가 온
것은

> 사람이 그 아버지와, 딸이
> 어머니와, 며느리가 시어
> 머니와 불화하게 하려 함
> 이니 36 사람의 원수가 자
> 기 집안 식구리라
>
> 미 7:6

37 아버지나 어머니를 나보다 더
사랑하는 자는 내게 합당하지 아
니하고 아들이나 딸을 나보다 더
사랑하는 자도 내게 합당하지 아
니하며 38 또 자기 십자가를 지
고 나를 따르지 않는 자도 내게
합당하지 아니하니라 39 자기
목숨을 얻는 자는 잃을 것이요
나를 위하여 자기 목숨을 잃는
자는 얻으리라

상을 받을 사람

40 너희를 영접하는 자는 나를
영접하는 것이요 나를 영접하는
자는 나를 보내신 이를 영접하
는 것이니라 41 선지자의 이름
으로 선지자를 영접하는 자는 선
지자의 상을 받을 것이요 의인의
이름으로 의인을 영접하는 자는
의인의 상을 받을 것이요 42 또
누구든지 제자의 이름으로 이 작
은 자 중 하나에게 냉수 한 그릇
이라도 주는 자는 내가 진실로
너희에게 이르노니 그 사람이 결
단코 상을 잃지 아니하리라 하시
니라

세례 요한

2 요한이 옥에서 그리스도께서 하신 일을 듣고 제자들을 보내어 3 예수께 여짜오되

오실 그이가 당신이오니이까 우리가 다른 이를 기다리오리이까

4 예수께서 대답하여 이르시되

너희가 가서 듣고 보는 것을 요한에게 알리되 5 맹인이 보며 못 걷는 사람이 걸으며 나병환자가 깨끗함을 받으며 못 듣는 자가 들으며 죽은 자가 살아나며 가난한 자에게 복음이 전파된다 하라 6 누구든지 나로 말미암아 실족하지 아니하는 자는 복이 있도다 하시니라

11:7 바람에 흔들리는 갈대냐 세례 요한이 바람에 흔들리는 갈대처럼 약하지 않았다는 뜻이 이 말씀에 담겨 있다.

9 그러면 너희가 어찌하여 나갔
더냐 선지자를 보기 위함이었더
냐 옳다 내가 너희에게 이르노니
선지자보다 더 나은 자니라 10
기록된 바

> 보라 내가 내 사자를 네 앞에 보내노니 그가 네 길을 네 앞에 준비하리라 하신 것이 이 사람에 대한 말씀이니라 말 3:1

11 내가 진실로 너희에게 말하노
니 여자가 낳은 자 중에 세례 요
한보다 큰 이가 일어남이 없도다
그러나 천국에서는 극히 작은 자
라도 그보다 크니라 12 세례 요
한의 때부터 지금까지 천국은 침
노를 당하나니 침노하는 자는 빼
앗느니라 13 모든 선지자와 율
법이 예언한 것은 요한까지니
14 만일 너희가 즐겨 받을진대
오리라 한 엘리야가 곧 이 사람
이니라 15 귀 있는 자는 들을지
어다 16 이 세대를 무엇으로 비
유할까 비유하건대 아이들이 장
터에 앉아 제 동무를 불러 17 이
르되 우리가 너희를 향하여 피리
를 불어도 너희가 춤추지 않고
우리가 슬피 울어도 너희가 가슴
을 치지 아니하였다 함과 같도다
18 요한이 와서 먹지도 않고 마
시지도 아니하매 그들이 말하기
를 귀신이 들렸다 하더니 19 인
자는 와서 먹고 마시매 말하기를
보라 먹기를 탐하고 포도주를 즐
기는 사람이요 세리와 죄인의 친
구로다 하니 지혜는 그 행한 일
로 인하여 옳다 함을 얻느니라

회개하지 아니하는 도시들

20 예수께서 권능을 가장 많
이 행하신 고을들이 회개하
지 아니하므로 그 때에 책망
하시되

21 화 있을진저 고라신아 화 있
을진저 벳새다야 너희에게 행한
모든 권능을 두로와 시돈•에서
행하였더라면 그들이 벌써 베옷
을 입고 재에 앉아 회개하였으리
라 22 내가 너희에게 이르노니
심판 날에 두로와 시돈이 너희보
다 견디기 쉬우리라 23 가버나
움•아 네가 하늘에까지 높아지
겠느냐 음부에까지 낮아지리라
네게 행한 모든 권능을 소돔•에
서 행하였더라면 그 성이 오늘까
지 있었으리라 24 내가 너희에
게 이르노니 심판 날에 소돔 땅
이 너보다 견디기 쉬우리라 하시
니라

11:21 **두로와 시돈** 악한 사람들이 살았던 도시들
11:21-23 **고라신 … 벳새다 … 가버나움** 갈릴리 호수 옆에 있는 도시들로서 예수님께서 사람들에게 말씀을 전하신 곳
11:23 **소돔** 너무나 악했기 때문에 하나님께 멸망당한 도시

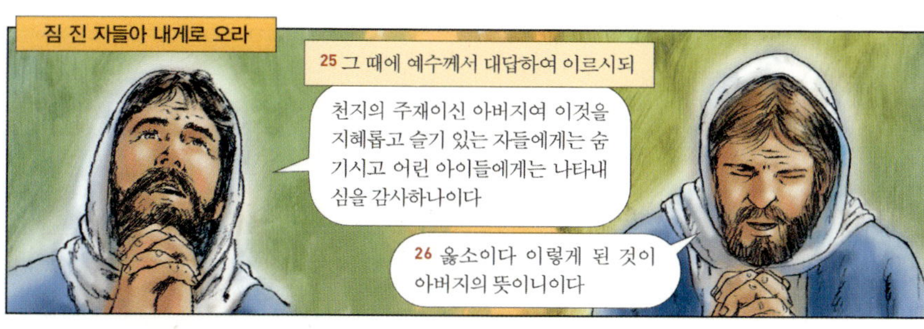

27 내 아버지께서 모든 것을 내게 주셨으니
아버지 외에는 아들을 아는 자가 없고 아들과
또 아들의 소원대로 계시를 받는 자 외에는
아버지를 아는 자가 없느니라 28 수고하고
무거운 짐 진 자들아 다 내게로 오라 내가 너
희를 쉬게 하리라 29 나는 마음이 온유하고
겸손하니 나의 멍에를 메고 내게 배우라 그리
하면 너희 마음이 쉼을 얻으리니 30 이는 내
멍에는 쉽고 내 짐은 가벼움이라 하시니라

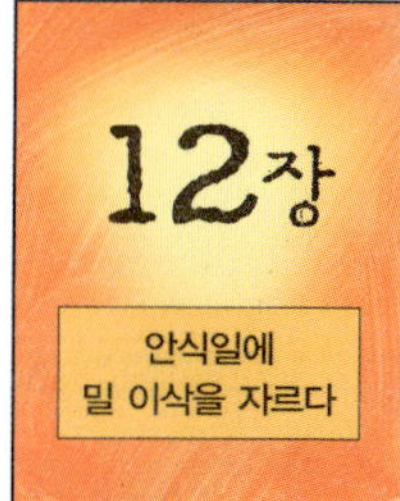

보시오 당신의 제자들이 안식일에
하지 못할 일을 하나이다

3 예수께서 이르시되

다윗이 자기와 그 함께 한 자들이 시장할
때에 한 일을 읽지 못하였느냐 4 그가 하
나님의 전에 들어가서 제사장 외에는 자
기나 그 함께 한 자들이 먹어서는 안 되는
진설병을 먹지 아니하였느냐

5 또 안식일에 제사장들이 성전 안에서 안
식을 범하여도 죄가 없음을 너희가 율법에
서 읽지 못하였느냐 6 내가 너희에게 이르
노니 성전보다 더 큰 이가 여기 있느니라
7 나는 자비를 원하고 제사를 원하지 아니
하노라• 하신 뜻을 너희가 알았더라면 무
죄한 자를 정죄하지 아니하였으리라 8 인
자는 안식일의 주인이니라 하시니라

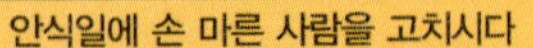

안식일에 손 마른 사람을 고치시다

9 거기에서 떠나 그들의 회당에 들어가시니

10 한쪽 손 마른 사람이 있는지라 사람들이 예수를 고발하려 하여 물어 이르되

안식일에 병 고치는 것이 옳으니이까•

11 예수께서 이르시되

너희 중에 어떤 사람이 양 한 마리가 있어 안식일에 구덩이에 빠졌으면 끌어내지 않겠느냐
12 사람이 양보다 얼마나 더 귀하냐 그러므로 안식일에 선을 행하는 것이 옳으니라 하시고

13 이에 그 사람에게 이르시되

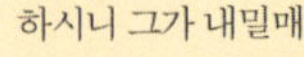

다른 손과 같이 회복되어 성하더라

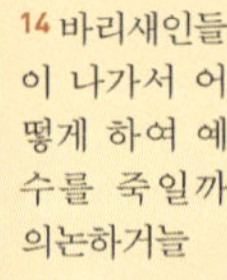

12:7 **나는 … 아니하노라** 호 6:6 인용
12:10 **안식일에 … 옳으니이까** 안식일에 일하는 것은 유대의 법에 어긋났다.

15 예수께서 아시고 거기를
떠나가시니 많은 사람이 따
르는지라 예수께서 그들의
병을 다 고치시고 16 자기
를 나타내지 말라 경고하셨
으니 17 이는 선지자 이사
야를 통하여 말씀하신 바

18 보라 내가 택한 종 곧 내 마음에 기뻐하는 바 내가 사랑하는
자로다 내가 내 영을 그에게 줄 터이니 그가 심판을 이방에 알
게 하리라 19 그는 다투지도 아니하며 들레지도 아니하리니 아
무도 길에서 그 소리를 듣지 못하리라 20 상한 갈대를 꺾지 아
니하며 꺼져가는 심지를 끄지 아니하기를 심판하여 이길 때까
지 하리니 21 또한 이방들이 그의 이름을 바라리라 함을 이루
려 하심이니라

사 42:1-4

예수와 바알세불

22 그 때에 귀신 들려 눈 멀고 말
못하는 사람을 데리고 왔거늘 예
수께서 고쳐 주시매 그 말 못하
는 사람이 말하며 보게 된지라

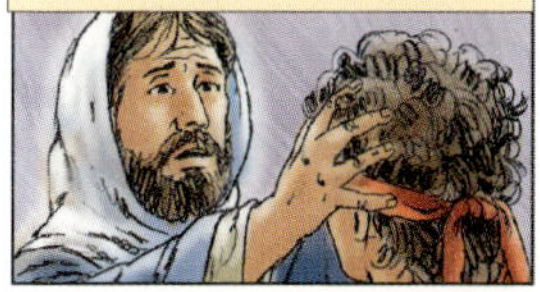

23 무리가 다 놀라 이르되

24 바리새인들은 듣고 이르되

25 예수께서 그들의 생각을 아시고 이르시되

마태복음 12:27－37

27 또 내가 바알세불을 힘입어
귀신을 쫓아내면 너희의 아들들
은 누구를 힘입어 쫓아내느냐 그
러므로 그들이 너희의 재판관이
되리라 28 그러나 내가 하나님
의 성령을 힘입어 귀신을 쫓아내
는 것이면 하나님의 나라가 이미
너희에게 임하였느니라 29 사람
이 먼저 강한 자를 결박하지 않
고서야 어떻게 그 강한 자의 집
에 들어가 그 세간을 강탈하겠느
냐 결박한 후에야 그 집을 강탈
하리라 30 나와 함께 아니하는
자는 나를 반대하는 자요 나와
함께 모으지 아니하는 자는 헤치
는 자니라 31 그러므로 내가 너
희에게 이르노니 사람에 대한 모
든 죄와 모독은 사하심을 얻되
성령을 모독하는 것은 사하심을
얻지 못하겠고 32 또 누구든지
말로 인자를 거역하면 사하심을
얻되 누구든지 말로 성령을 거역
하면 이 세상과 오는 세상에서도
사하심을 얻지 못하리라 33 나무
도 좋고 열매도 좋다 하든지 나
무도 좋지 않고 열매도 좋지 않
다 하든지 하라 그 열매로 나무
를 아느니라 34 독사의 자식들
아 너희는 악하니 어떻게 선한
말을 할 수 있느냐 이는 마음에
가득한 것을 입으로 말함이라
35 선한 사람은 그 쌓은 선에서
선한 것을 내고 악한 사람은 그
쌓은 악에서 악한 것을 내느니라
36 내가 너희에게 이르노니 사람
이 무슨 무익한 말을 하든지 심
판 날에 이에 대하여 심문을 받
으리니 37 네 말로 의롭다 함을
받고 네 말로 정죄함을 받으리라

악한 세대가 표적을 구하나

38 그 때에 서기관과 바리새인
중 몇 사람이 말하되

선생님이여 우리에게 표적
보여주시기를 원하나이다

39 예수께서 대답하여 이르시되

악하고 음란한 세대가 표적을 구
하나 선지자 요나의 표적 밖에는
보일 표적이 없느니라 40 요나가
밤낮 사흘 동안 큰 물고기 뱃속
에 있었던 것 같이 인자도 밤낮
사흘 동안 땅 속에 있으리라 41
심판 때에 니느웨• 사람들이 일
어나 이 세대 사람을 정죄하리니
이는 그들이 요나의 전도를 듣고
회개하였음이거니와 요나보다
더 큰 이가 여기 있으며 42 심판
때에 남방 여왕•이 일어나 이 세
대 사람을 정죄하리니 이는 그가
솔로몬의 지혜로운 말을 들으려
고 땅 끝에서 왔음이거니와 솔로
몬보다 더 큰 이가 여기 있느니
라 43 더러운 귀신이 사람에게서
나갔을 때에 물 없는 곳으로 다
니며 쉬기를 구하되 쉴 곳을 얻
지 못하고 44 이에 이르되 내가
나온 내 집으로 돌아가리라 하고
와 보니 그 집이 비고 청소되고
수리되었거늘 45 이에 가서 저보
다 더 악한 귀신 일곱을 데리고
들어가서 거하니 그 사람의 나중
형편이 전보다 더욱 심하게 되느
니라 이 악한 세대가 또한 이렇
게 되리라

12:41 니느웨 요나가 사람들에게 하나님의 경고의 말씀을 외쳤던 성읍(욘 3장 참조).
12:42 남방 여왕 스바의 여왕. 그녀는 솔로몬에게서 하나님의 지혜를 배우기 위해 1,600킬로미터를 여행했다(왕상 10:1-13 참조).

예수의 어머니와 형제 자매

46 예수께서 무리에게 말씀하실
때에 그의 어머니와 동생들이
예수께 말하려고 밖에 섰더니
47 한 사람이 예수께 여짜오되

보소서 당신의 어머니와 동생들이 당신께
말하려고 밖에 서 있나이다 하니*

48 말하던 사람에게
대답하여 이르시되

누가 내 어머니
이며 내 동생들
이냐 하시고

49 손을 내밀어 제자들을 가리켜 이르시되

나의 어머니와 나의
동생들을 보라 50
누구든지 하늘에 계
신 내 아버지의 뜻
대로 하는 자가 내
형제요 자매요 어머
니이니라 하시더라

13장

네 가지 땅에 떨어진 씨 비유

1 그 날 예수께서 집에서 나
가사 바닷가에 앉으시매 2
큰 무리가 그에게로 모여
들거늘 예수께서 배에 올라
가 앉으시고 온 무리는 해
변에 서 있더니 3 예수께서
비유로 여러 가지를 그들에
게 말씀하여 이르시되

씨를 뿌리는 자가 뿌리러 나가서
4 뿌릴새 더러는 길 가에 떨어지
매 새들이 와서 먹어버렸고 5 더
러는 흙이 얇은 돌밭에 떨어지매
흙이 깊지 아니하므로 곧 싹이
나오나 6 해가 돋은 후에 타서
뿌리가 없으므로 말랐고

12:47 **한 사람이 … 있나이다 하니** 일부 헬라어 사본들에는 이 47절이 나오지 않는다.

7 더러는 가시떨기 위에 떨어지매 가시
가 자라서 기운을 막았고 8 더러는 좋은
땅에 떨어지매 어떤 것은 백 배, 어떤 것
은 육십 배, 어떤 것은 삼십 배의 결실을
하였느니라

9 귀 있는 자는 들
으라 하시니라

비유를 설명하시다

10 제자들이 예수께 나아와 이르되

어찌하여 그들에게 비
유로 말씀하시나이까

11 대답하여 이르시되

천국의 비밀을 아는 것이 너희에게는 허
락되었으나 그들에게는 아니되었나니 12
무릇 있는 자는 받아 넉넉하게 되되 없는
자는 그 있는 것도 빼앗기리라 13 그러므
로 내가 그들에게 비유로 말하는 것은 그
들이 보아도 보지 못하며 들어도 듣지 못
하며 깨닫지 못함이니라 14 이사야의 예
언이 그들에게 이루어졌으니 일렀으되

너희가 듣기는 들어도 깨닫지 못할 것이요 보
기는 보아도 알지 못하리라 15 이 백성들의
마음이 완악하여져서 그 귀는 듣기에 둔하고
눈은 감았으니 이는 눈으로 보고 귀로 듣고 마
음으로 깨달아 돌이켜 내게 고침을 받을까 두
려워함이라 하였느니라 사 6:9,10

16 그러나 너희 눈은 봄으로, 너
희 귀는 들음으로 복이 있도다
17 내가 진실로 너희에게 이르노
니 많은 선지자와 의인이 너희가
보는 것들을 보고자 하여도 보지
못하였고 너희가 듣는 것들을 듣
고자 하여도 듣지 못하였느니라
18 그런즉 씨 뿌리는 비유를 들
으라 19 아무나 천국 말씀을 듣
고 깨닫지 못할 때는 악한 자가
와서 그 마음에 뿌려진 것을 빼
앗나니 이는 곧 길 가에 뿌려진
자요 20 돌밭에 뿌려졌다는 것
은 말씀을 듣고 즉시 기쁨으로
받되 21 그 속에 뿌리가 없어 잠
시 견디다가 말씀으로 말미암아
환난이나 박해가 일어날 때에는
곧 넘어지는 자요 22 가시떨기에
뿌려졌다는 것은 말씀을 들으나
세상의 염려와 재물의 유혹에 말
씀이 막혀 결실•하지 못하는 자
요 23 좋은 땅에 뿌려졌다는 것
은 말씀을 듣고 깨닫는 자니 결
실하여 어떤 것은 백 배, 어떤 것
은 육십 배, 어떤 것은 삼십 배가
되느니라 하시더라

24 예수께서 그들 앞에 또
비유를 들어 이르시되

천국은 좋은 씨를 제 밭에 뿌린
사람과 같으니 25 사람들이 잘
때에 그 원수가 와서 곡식 가운
데 가라지를 덧뿌리고 갔더니
26 싹이 나고 결실할 때에 가라
지도 보이거늘 27 집 주인의 종
들이 와서 말하되

주여 밭에 좋은 씨를 뿌리지 아니하였나이까 그런데 가라지가 어디서 생겼나이까

28 주인이
이르되

원수가 이렇게 하였구나

종들이 말하되

그러면 우리가 가서 이것을 뽑기를 원하시나이까

29 주인이 이르되

가만 두라 가라지를 뽑다가 곡식까지 뽑을까 염려하노라

30 둘 다 추수 때까지 함
께 자라게 두라 추수 때에
내가 추수꾼들에게 말하
기를 가라지는 먼저 거두
어 불사르게 단으로 묶고

곡식은 모아 내 곳간에 넣으라 하리라

13:22 **결실** 결실한다는 것은 하나님께서 원하시는 선한 것들이 삶에서 나타난다는 것을 의미한다.

겨자씨와 누룩 비유
31 또 비유를 들어 이르시되
천국은 마치 사람이 자기 밭에 갖다 심은 겨자씨 한 알 같으니 32 이는 모든 씨보다 작은 것이로되
자란 후에는 풀보다 커서 나무가 되매 공중의 새들이 와서 그 가지에 깃들이느니라
33 또 비유로 말씀하시되
천국은 마치 여자가 가루 서 말 속에 갖다 넣어 전부 부풀게 한 누룩과 같으니라
비유로 말씀하신 까닭
34 예수께서 이 모든 것을 무리에게 비유로 말씀하시고 비유가 아니면 아무 것도 말씀하지 아니하셨으니 35 이는 선지자를 통하여 말씀하신 바
내가 입을 열어 비유로 말하고 창세부터 감추인 것들을 드러내리라 함을 이루려 하심이라
시 78:2
가라지 비유를 설명하시다
36 이에 예수께서 무리를 떠나사 집에 들어가시니

좋은 씨를 뿌리는 이는 인자요
38 밭은 세상이요 좋은 씨는 천
국의 아들들이요 가라지는 악한
자의 아들들이요 39 가라지를
뿌린 원수는 마귀요 추수 때는
세상 끝이요 추수꾼은 천사들이
니 40 그런즉 가라지를 거두어
불에 사르는 것 같이 세상 끝에
도 그러하리라 41 인자가 그 천
사들을 보내리니 그들이 그 나라
에서 모든 넘어지게 하는 것과
또 불법을 행하는 자들을 거두어
내어 42 풀무 불에 던져 넣으리
니 거기서 울며 이를 갈게 되리
라 43 그 때에 의인들은 자기 아
버지 나라에서 해와 같이 빛나리
라 귀 있는 자는 들으라

세 가지 비유

44 천국은 마치 밭에 감추인 보
화와 같으니 사람이 이를 발견한
후 숨겨 두고 기뻐하며 돌아가서
자기의 소유를 다 팔아 그 밭을

사느니라 45 또 천국은 마치 좋
은 진주를 구하는 장사와 같으니

46 극히 값진 진주 하나를 발견
하매 가서 자기의 소유를 다 팔
아 그 진주를 사느니라 47 또 천
국은 마치 바다에 치고 각종 물고
기를 모는 그물과 같으니 48 그물

에 가득하매 물 가로 끌어 내고 앉
아서 좋은 것은 그릇에 담고 못된
것은 내버리느니라

49 세상 끝에도 이러하리라 천사들이 와서 의인 중에서 악인을 갈라 내어 50 풀무 불에 던져 넣으리니 거기서 울며 이를 갈리라
새 것과 옛 것
51 이 모든 것을 깨달았느냐 하시니
대답하되
그러하오이다

52 예수께서 이르시되
그러므로 천국의 제자된 서기관마다 마치 새것과 옛것을 그 곳간에서 내오는 집 주인과 같으니라

고향에서 배척을 받으시다
53 예수께서 이 모든 비유를 마치신 후에 그 곳을 떠나서 54 고향으로 돌아가사 그들의 회당에서 가르치시니 그들이 놀라 이르되

이 사람의 이 지혜와 이런 능력이 어디서 났느냐 55 이는 그 목수의 아들이 아니냐 그 어머니는 마리아, 그 형제들은 야고보, 요셉, 시몬, 유다라 하지 않느냐 56 그 누이들은 다 우리와 함께 있지 아니하냐 그런즉 이 사람의 이 모든 것이 어디서 났느냐 하고
57 예수를 배척한지라 예수께서 그들에게 말씀하시되
선지자가 자기 고향과 자기 집 외에서는 존경을 받지 않음이 없느니라 하시고
58 그들이 믿지 않음으로 말미암아 거기서 많은 능력을 행하지 아니하시니라

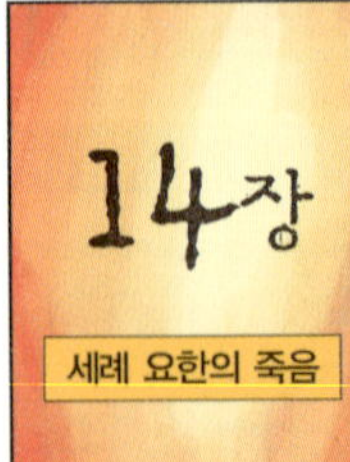

14장

세례 요한의 죽음

1 그 때에 분봉 왕 헤롯
이 예수의 소문을 듣고
2 그 신하들에게 이르
되 이는 세례 요한이라

3 전에 헤롯이 그 동생 빌
립의 아내 헤로디아의 일
로 요한을 잡아 결박하여
옥에 가두었으니 4 이는
요한이 헤롯에게 말하되

당신이 그 여자를 차지한 것이 옳지 않다 하였음이라

5 헤롯이 요한을 죽이려 하되 무리가 그를 선지자로
여기므로 그들을 두려워하더니

6 마침 헤롯의 생일이 되어 헤로디아의 딸이 연석 가운데
서 춤을 추어 헤롯을 기쁘게 하니 7 헤롯이 맹세로 그에
게 무엇이든지 달라는 대로 주겠다고 약속하거늘

8 그가 제 어머니의 시킴을 듣고 이르되

9 왕이 근심하나 자기가 맹세한 것
과 그 함께 앉은 사람들 때문에 주
라 명하고 10 사람을 보내어 옥에
서 요한의 목을 베어 11 그 머리를
소반에 얹어서 그 소녀에게 주니
그가 자기 어머니에게로 가져가니
라 12 요한의 제자들이 와서 시체
를 가져다가 장사하고 가서 예수께
아뢰니라

오천 명을 먹이시다

13 예수께서 들으시고 배를 타고 떠나사 따로 빈 들에 가시니 무리가 듣고
여러 고을로부터 걸어서 따라간지라 14 예수께서 나오사 큰 무리를 보시
고 불쌍히 여기사 그 중에 있는 병자를 고쳐 주시니라

15 저녁이 되매 제자들이 나아와 이르되

이 곳은 빈 들이요 때도 이미 저물었으니 무리를 보내어 마을에 들어가 먹을 것을 사 먹게 하소서

22 예수께서 즉시 제자
들을 재촉하사 자기가
무리를 보내는 동안에
배를 타고 앞서 건너편
으로 가게 하시고 23 무
리를 보내신 후에 기도
하러 따로 산에 올라가
시니라 저물매 거기 혼
자 계시더니

24 배가 이미 육지에서 수 리나
떠나서 바람이 거스르므로 물결
로 말미암아 고난을 당하더라

25 밤 사경에
예수께서 바
다 위로 걸어
서 제자들에
게 오시니

26 제자들이 그가 바다 위로 걸어
오심을 보고 놀라

하며 무서워하여 소리 지르거늘

27 예수께서 즉시 이르시되

28 베드로가 대답하여 이르되

베드로가 배에서
내려 물 위로 걸
어서 예수께로 가
되 30 바람을 보
고 무서워 빠져
가는지라 소리 질
러 이르되

31 예수께서 즉시 손을 내
밀어 그를 붙잡으시며 이
르시되

믿음이 작은 자
여 왜 의심하였
느냐 하시고

게네사렛에서 병자들을 고치시다

15:4 네 부모를 공경하라 출 20:12 또는 신 5:16 인용
15:4 아버지나 어머니를 … 당하리라 출 21:17 인용

가나안 여자의 믿음

15:14 **맹인을 인도하는 자로다** 일부 헬라어 사본들에는 '맹인을'이 나오지 않는다.

22 가나안 여자 하
나가 그 지경에서
나와서 소리 질러
이르되

주 다윗의 자손이여
나를 불쌍히 여기소서
내 딸이 흉악하게 귀
신 들렸나이다 하되

23 예수는 한 말씀도 대답하지 아니
하시니 제자들이 와서 청하여 말하되

그 여자가
우리 뒤에
서 소리를
지르오니
그를 보내
소서

24 예수께서 대답하여 이르시되

나는 이스라
엘 집의 잃어
버린 양 외에
는 다른 데로
보내심을 받
지 아니하였
노라 하시니

25 여자가 와
서 예수께 절
하며 이르되

주여 저를
도우소서

26 대답하여 이르시되

자녀의 떡을 취하여
개들에게 던짐이 마
땅하지 아니하니라

27 여자가 이르되

주여 옳소이다마
는 개들도 제 주인
의 상에서 떨어지
는 부스러기를 먹
나이다 하니

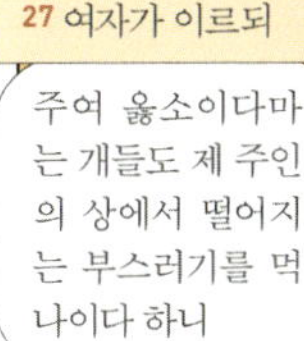

28 이에 예수께서 대답하여 이르시되

여자여 네 믿음이 크
도다 네 소원대로 되
리라

하시니 그 때로부터 그의
딸이 나으니라

많은 사람들을 고치시다

29 예수께서 거기서 떠나사
갈릴리 호숫가에 이르러 산
에 올라가 거기 앉으시니 30
큰 무리가 다리 저는 사람과
장애인과 맹인과 말 못하는
사람과 기타 여럿을 데리고
와서 예수의 발 앞에 앉히매
고쳐 주시니

사천 명을 먹이시다

34 예수께서 이르시되

너희에게 떡이 몇 개나 있느냐

이르되

일곱 개와 작은 생선 두어 마리가 있나이다 하거늘

35 예수께서 무리에게 명하사 땅에 앉게
하시고 36 떡 일곱 개와 그 생선을 가지
사 축사하시고 떼어 제자들에게 주시니

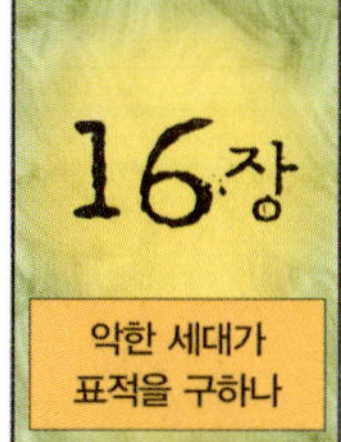

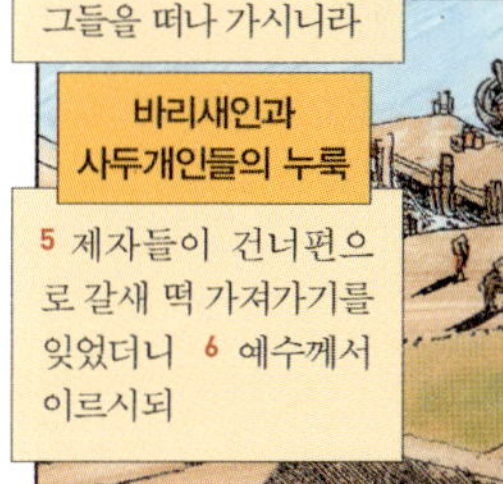

16:4 **요나의 표적** 요나가 큰 물고기 안에 3일간 있었던 사건은 예수님께서 3일간 무덤에 머물러 계셨던 사건과 유사하다.

이를 네게 알게 한 이는 혈육이 아니요 하늘에
계신 내 아버지시니라 18 또 내가 네게 이르노
니 너는 베드로•라 내가 이 반석 위에 내 교회를
세우리니 음부의 권세가 이기지 못하리라 19 내
가 천국 열쇠를 네게 주리니 네가 땅에서 무엇이
든지 매면 하늘에서도 매일 것이요 네가 땅에서
무엇이든지 풀면 하늘에서도 풀리리라 하시고

20 이에 제자들에게 경고하사 자기가 그리스
도인 것을 아무에게도 이르지 말라 하시니라

16:18 **베드로** '베드로'라는 헬라어 이름은 '게바'라는 아람어 이름과 마찬가지로 '반석'이라는 뜻이다.

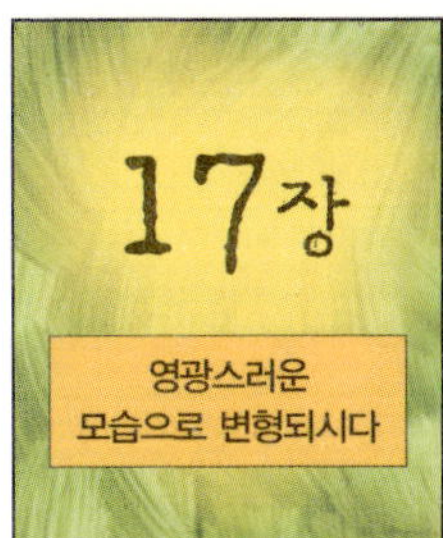

16:23 **사탄** '원수'라는 뜻을 가진 사탄이라는 말은 마귀를 가리킨다. 이 절에서 예수님은 베드로가 사탄처럼 말한다는 뜻으로 말씀하셨다.

17:3 **모세와 엘리야** 유대의 과거 역사에서 가장 중요한 지도자들 중 두 사람

귀신 들린 아이를 고치시다

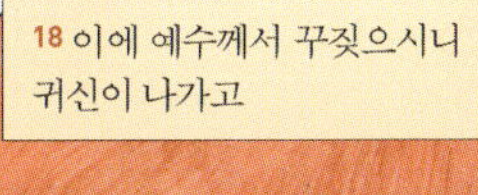

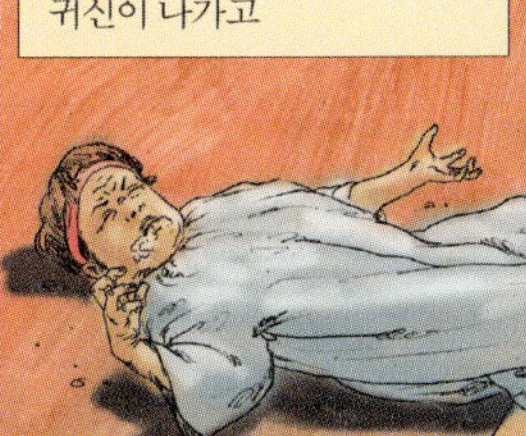

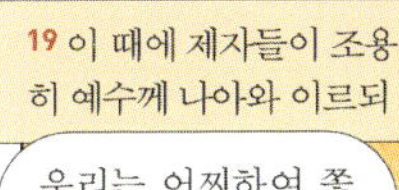

17:15 **간질** 이 병에 걸린 사람은 때때로 몸을 통제할 수 없어 기절하거나 심하게 몸을 흔들거나 또는 전혀 몸을 움직일 수 없게 된다.
17:20 **겨자씨** 겨자씨는 매우 작지만 나무가 다 자라면 사람의 키보다 커진다.

17:21 일부 헬라어 사본들에서는 괄호 안에 "오직 너희가 기도하고 금식할 때에만 저런 영을 내쫓을 수 있느니라"라고 기록되어 있다.

18:11 일부 헬라어 사본들에서는 괄호 안에 "인자는 잃어버린 자들을 구원하러 왔느니라"라고 기록되어 있다.

14 이와 같이 이 작은 자 중의 하나라도 잃
는 것은 하늘에 계신 너희 아버지의 뜻이
아니니라

형제가 죄를 범하거든

15 네 형제가 죄를 범하거든* 가서 너와
그 사람과만 상대하여 권고하라 만일 들
으면 네가 네 형제를 얻은 것이요 16 만일
듣지 않거든 한두 사람을 데리고 가서 두
세 증인의 입으로 말마다 확증하게 하라*
17 만일 그들의 말도 듣지 않거든 교회에
말하고 교회의 말도 듣지 않거든 이방인
과 세리와 같이 여기라 18 진실로 너희에
게 이르노니 무엇이든지 너희가 땅에서
매면 하늘에서도 매일 것이요 무엇이든지
땅에서 풀면 하늘에서도 풀리리라 19 진
실로 다시 너희에게 이르노니 너희 중의
두 사람이 땅에서 합심하여 무엇이든지
구하면 하늘에 계신 내 아버지께서 그들
을 위하여 이루게 하시리라

20 두세 사람이 내 이름
으로 모인 곳에는 나도
그들 중에 있느니라

용서할 줄 모르는 종 비유

21 그 때에 베드로가 나아와
이르되

주여 형제가 내게 죄를
범하면 몇 번이나 용서
하여 주리이까 일곱 번
까지 하오리이까

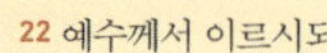

22 예수께서 이르시되

네게 이르노니 일곱 번뿐 아니라 일곱 번을 일흔 번까지라도 할지니라

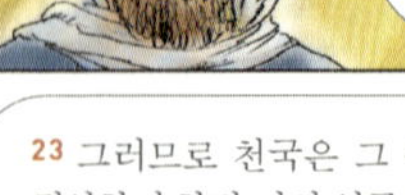

23 그러므로 천국은 그 종들과
결산하려 하던 어떤 임금과 같으
니 24 결산할 때에 만 달란트 빚
진 자 하나를 데려오매 25 갚을
것이 없는지라 주인이 명하여
그 몸과 아내와 자식들과 모든
소유를 다 팔아 갚게 하라 하니

18:15 **네 형제가 죄를 범하거든** 일부 헬라어 사본들에서는 "네 형제가 네게 죄를 범하거든"이라고 기록되어 있다.
18:16 **두세 증인의 입으로 말마다 확증하게 하라** 신 19:15 인용

26 그 종이 엎드려 절하며 이르되

내게 참으소서 다 갚으리
이다 하거늘

27 그 종의 주인이 불쌍히 여겨
놓아 보내며 그 빚을 탕감하여
주었더니 28 그 종이 나가서 자
기에게 백 데나리온 빚진 동료
한 사람을 만나 붙들어 목을 잡
고 이르되

빚을 갚으라 하매

29 그 동료가 엎드려 간구하여
이르되

나에게 참아 주소서 갚으
리이다 하되

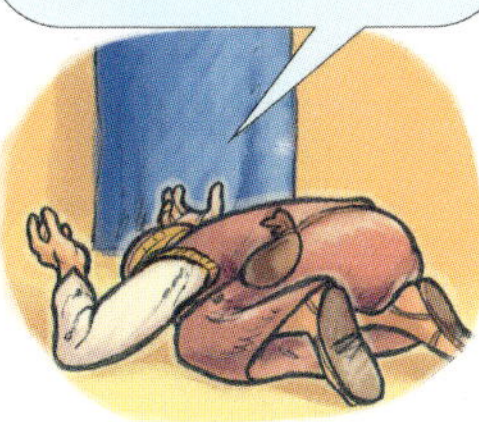

30 허락하지 아니하고 이에 가서
그가 빚을 갚도록 옥에 가두거늘
31 그 동료들이 그것을 보고 몹
시 딱하게 여겨 주인에게 가서

그 일을 다 알리니 32 이에 주인
이 그를 불러다가 말하되

악한 종아 네가 빌기에 내
가 네 빚을 전부 탕감하여
주었거늘 33 내가 너를
불쌍히 여김과 같이 너도
네 동료를 불쌍히 여김이
마땅하지 아니하냐 하고

34 주인이 노하여 그 빚을 다 갚
도록 그를 옥졸들에게 넘기니라
35 너희가 각각 마음으로부터 형
제를 용서하지 아니하면 나의 하
늘 아버지께서도 너희에게 이와
같이 하시리라

19장

이혼에 대하여 가르치시다

1 예수께서 이 말씀
을 마치시고 갈릴리
를 떠나 요단 강 건
너 유대 지경에 이
르시니 2 큰 무리가
따르거늘 예수께서
거기서 그들의 병을
고치시더라

마태복음 19:3-12

19:4 그들을 남자와 여자로 지으시고 창 1:27 또는 5:2 인용
19:5 사람이 … 될지니라 창 2:24 인용
19:9 간음함이니라 일부 헬라어 사본들에서는 "또 누구든지 버림받은 여자에게 장가드는 자도 간음함이니라"라는 말이 이어진다(비교, 마 5:32).

19:13 안수하고 예수님께서 이 아이들을 특별히 축복하셨다는 것을 말해준다.
19:18,19 살인하지 말라 … 공경하라 출 20:12-16 또는 신 5:16-20 인용
19:19 네 이웃을 … 사랑하라 레 19:18 인용

마태복음 19:20 – 30

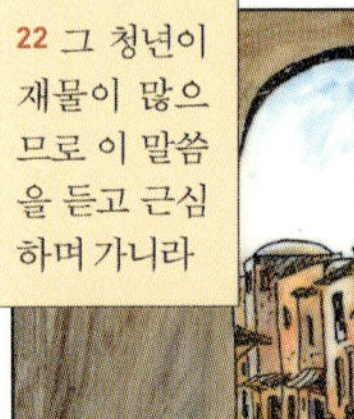

19:29 **부모나 자식이나** 일부 헬라어 사본들에서는 "부모나 아내나 자식이나"로 나온다.

20장

포도원의 품꾼들

1 천국은 마치 품꾼을 얻어 포도
원에 들여보내려고 이른 아침에
나간 집 주인과 같으니 2 그가
하루 한 데나리온•씩 품꾼들과
약속하여 포도원에 들여보내고
3 또 제삼시에 나가 보니 장터에
놀고 서 있는 사람들이 또 있는
지라 4 그들에게 이르되

너희도 포도원에 들어가
라 내가 너희에게 상당하
게 주리라 하니

그들이 가고 5 제육시와 제구시
에 또 나가 그와 같이 하고 6 제
십일시에도 나가 보니 서 있는
사람들이 또 있는지라 이르되

너희는 어찌하여 종일토
록 놀고 여기 서 있느냐

7 이르되

우리를 품꾼으로 쓰는 이
가 없음이니이다

이르되

너희도 포도원에
들어가라 하니라

8 저물매 포도원 주인이 청지기
에게 이르되

품꾼들을 불러 나중 온 자
로부터 시작하여 먼저 온
자까지 삯을 주라 하니

9 제십일시에 온 자들이 와서 한
데나리온씩을 받거늘 10 먼저
온 자들이 와서 더 받을 줄 알았
더니 그들도 한 데나리온씩 받은
지라 11 받은 후 집 주인을 원망
하여 이르되

12 나중 온 이 사람들은
한 시간밖에 일하지 아니
하였거늘 그들을 종일 수
고하며 더위를 견딘 우리
와 같게 하였나이다

13 주인이 그 중의 한
사람에게 대답하여 이르되

친구여 내가 네게 잘못한
것이 없노라 네가 나와 한
데나리온의 약속을 하지
아니하였느냐 14 네 것이
나 가지고 가라 나중 온
이 사람에게 너와 같이 주
는 것이 내 뜻이니라 15
내 것을 가지고 내 뜻대로
할 것이 아니냐 내가 선하
므로 네가 악하게 보느냐

20:2 **데나리온** 고대 로마의 은화. 한 데나리온은 하루 노동에 대한 평균 임금이었다.

16 이와 같이 나중 된 자로
서 먼저 되고 먼저 된 자로
서 나중 되리라

죽음과 부활을 세 번째로 이르시다

17 예수께서 예루살렘으로 올라가려 하실 때에
열두 제자를 따로 데리시고 길에서 이르시되

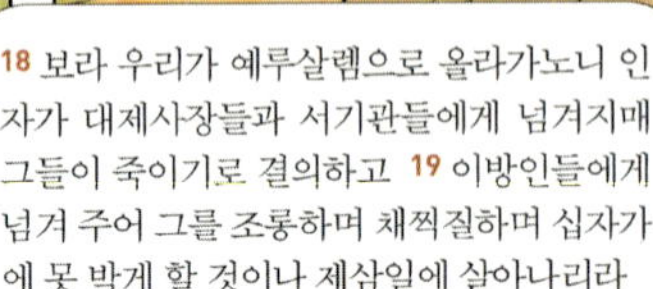

18 보라 우리가 예루살렘으로 올라가노니 인
자가 대제사장들과 서기관들에게 넘겨지매
그들이 죽이기로 결의하고 19 이방인들에게
넘겨 주어 그를 조롱하며 채찍질하며 십자가
에 못 박게 할 것이나 제삼일에 살아나리라

한 어머니의 요구

20 그 때에 세베대의 아들의
어머니가 그 아들들을 데리
고 예수께 와서 절하며 무엇
을 구하니 21 예수께서 이
르시되

무엇을 원하느냐

이르되

나의 이 두 아들을 주의 나라에
서 하나는 주의 우편에, 하나는
주의 좌편에 앉게 명하소서

22 예수께서 대답하여 이르시되

너희는 너희가 구하는 것을 알
지 못하는도다 내가 마시려는
잔을 너희가 마실 수 있느냐•

그들이 말하되

할 수 있나이다

23 이르시되

너희가 과연 내 잔
을 마시려니와 내
좌우편에 앉는 것은
내가 주는 것이 아
니라 내 아버지께서
누구를 위하여 예비
하셨든지 그들이 얻
을 것이니라

24 열 제자가 듣고 그 두 형
제에 대하여 분히 여기거늘

25 예수께서 제자들을 불러다가 이르시되

이방인의 집권자들이 그들을
임의로 주관하고 그 고관들이
그들에게 권세를 부리는 줄을
너희가 알거니와 26 너희 중
에는 그렇지 않아야 하나니 너
희 중에 누구든지 크고자 하는
자는 너희를 섬기는 자가 되고

20:22 내가 마시려는 … 마실 수 있느냐 잔을 마신다는 것은 예수님께 일어날 고난을 함께 받는다는 것을 의미한다.

맹인 두 사람을 고치시다

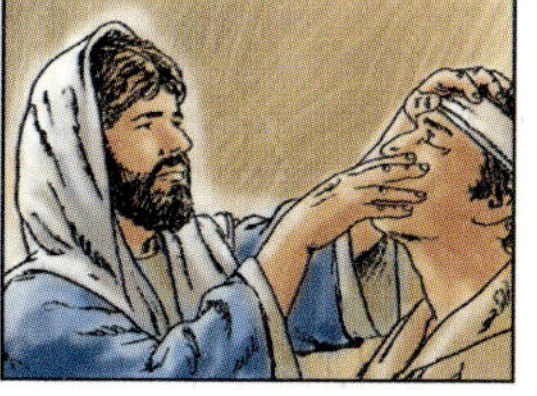

21장

예루살렘에 들어가시다

21:9 **호산나** 본래 하나님께 도움을 구하는 기도를 드릴 때 사용되었던 히브리어. 여기에서는 하나님이나 그분의 메시야를 찬양하는 기쁨의 외침으로 사용된 것으로 보인다.

성전을 깨끗하게 하시다

12 예수께서 성전에 들어
가사 성전 안에서 매매
하는 모든 사람들을 내
쫓으시며 돈 바꾸는 사
람들의 상과 비둘기 파
는 사람들의 의자를 둘
러 엎으시고 13 그들에
게 이르시되 기록된 바

14 맹인과 저는 자들
이 성전에서 예수께
나아오매 고쳐주시
니 15 대제사장들과
서기관들이 예수께
서 하시는 이상한 일
과 또 성전에서 소리
질러

하는 어린이들을 보고 노
하여 16 예수께 말하되

예수께서 이르시되

17 그들을 떠나 성 밖
으로 베다니에 가서
거기서 유하시니라

무화과나무가 마르다

18 이른 아침에 성으로 들어오실 때
에 시장하신지라 19 길 가에서 한
무화과나무를 보시고 그리로 가사
잎사귀 밖에 아무 것도 찾지 못하
시고 나무에게 이르시되

이제부터 영원토록 네가 열매를 맺지 못하리라

하시니 무화
과나무가 곧
마른지라 20
제자들이 보
고 이상히 여
겨 이르되

21:13 **내 집은 … 집이라** 사 56:7 인용
21:13 **강도의 소굴** 렘 7:11 인용
21:16 **어린 아기와 … 하셨나이다** 《70인역 성경》(구약성경을 헬라어로 옮긴 역본)에 나오는 시 8:2 인용

예수의 권위를 두고 말하다

네가 무슨 권위로 이런 일을 하느냐 또 누가 이 권위를 주었느냐

예수께서 이르시되

나도 무슨 권위로 이런 일을 하
는지 너희에게 이르지 아니하리
라 28 그러나 너희 생각에는 어
떠하냐 어떤 사람에게 두 아들이
있는데 맏아들에게 가서 이르되

얘 오늘 포도원에
가서 일하라 하니

29 대답하여
이르되

아버지
가겠나이다

하더니 가지 아니하고 30 둘째

아들에게 가서 또 그와 같이 말
하니 대답하여 이르되

싫소이다

하였다가 그 후에 뉘우치고 갔으
니 31 그 둘 중의 누가 아버지의
뜻대로 하였느냐

이르되

둘째 아들이니이다

예수께서 그들에게 이르시되

내가 진실로 너희에게 이르노
니 세리들과 창녀들이 너희보
다 먼저 하나님의 나라에 들
어가리라 32 요한이 의의 도
로 너희에게 왔거늘 너희는
그를 믿지 아니하였으되 세리
와 창녀는 믿었으며

너희는 이것을 보고도 끝내 뉘우
쳐 믿지 아니하였도다

포도원 농부 비유

33 다른 한 비유를 들으라 한 집
주인이 포도원을 만들어 산울타
리로 두르고 거기에 즙 짜는 틀을
만들고 망대를 짓고 농부들에게
세로 주고 타국에 갔더니

34 열매 거둘 때가 가까우매 그
열매를 받으려고 자기 종들을 농
부들에게 보내니 35 농부들이
종들을 잡아 하나는 심히 때리고

하나는 죽이고 하나는 돌로 쳤거
늘 36 다시 다른 종들을 처음보
다 많이 보내니 그들에게도 그렇
게 하였는지라 37 후에 자기 아
들을 보내며 이르되 그들이 내
아들은 존대하리라 하였더니 38
농부들이 그 아들을 보고 서로
말하되

이는 상속자니 자 죽이고
그의 유산을 차지하자 하고

39 이에 잡아 포도원
밖에 내쫓아 죽였느
니라 40 그러면 포
도원 주인이 올 때에
그 농부들을 어떻게
하겠느냐

41 그들이 말하되
그 악한 자들을
진멸하고 포도
원은 제 때에 열
매를 바칠 만한
다른 농부들에
게 세로 줄지니
이다

42 예수께서 이르시되
너희가 성경에
건축자들이 버린 돌이 모
퉁이의 머릿돌이 되었나
니 이것은 주로 말미암아
된 것이요 우리 눈에 기이
하도다 함을 읽어 본 일이
없느냐 시 118:22,23

43 그러므로 내가 너희에게
이르노니 하나님의 나라를
너희는 빼앗기고 그 나라의
열매 맺는 백성이 받으리라

44 이 돌 위에 떨어지는 자는 깨지겠고 이 돌이
사람 위에 떨어지면 그를 가루로 만들어 흩으
리라 하시니

45 대제사장들과 바리새인들이 예
수의 비유를 듣고 자기들을 가리
켜 말씀하심인 줄 알고 46 잡고자
하나 무리를 무서워하니 이는 그
들이 예수를 선지자로 앎이었더라

22장

혼인 잔치 비유

1 예수께서 다시 비유로
대답하여 이르시되

2 천국은 마치 자기 아들을 위하여 혼인
잔치를 베푼 어떤 임금과 같으니

3 그 종들을 보내어 그 청한 사람
들을 혼인 잔치에 오라 하였더니
오기를 싫어하거늘

4 다시 다른 종들을 보내
며 이르되 청한 사람들에
게 이르기를

내가 오찬을 준비하되 나의
소와 살진 짐승을 잡고 모든
것을 갖추었으니 혼인 잔치
에 오소서 하라 하였더니

5 그들이 돌아 보지도 않고 한 사
람은 자기 밭으로, 한 사람은 자
기 사업하러 가고 6 그 남은 자

들은 종들을 잡아 모욕하고 죽이
니 7 임금이 노하여 군대를 보내

어 그 살인한 자들을 진멸하고
그 동네를 불사르고

8 이에 종들에게 이르되

혼인 잔치는 준비되었으나
청한 사람들은 합당하지 아
니하니 9 네거리 길에 가서
사람을 만나는 대로 혼인
잔치에 청하여 오라 한대

10 종들이 길에 나가 악한 자나
선한 자나 만나는 대로 모두 데
려오니 혼인 잔치에 손님들이 가
득한지라 11 임금이 손님들을 보

러 들어올새 거기서 예복을 입지
않은 한 사람을 보고 12 이르되

친구여 어찌하여 예복을 입지
않고 여기 들어왔느냐 하니

그가 아무 말도 못하거늘

13 임금이 사환들에게 말하되

그 손발을 묶어 바깥 어두운
데에 내던지라 거기서 슬피 울
며 이를 갈게 되리라 하니라

14 청함을 받은 자
는 많되 택함을 입
은 자는 적으니라

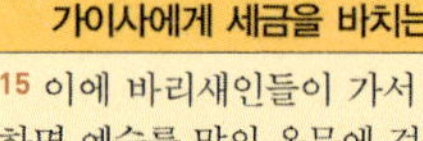

가이사에게 세금을 바치는 것

15 이에 바리새인들이 가서 어떻게
하면 예수를 말의 올무에 걸리게 할
까 상의하고

16 자기 제자들을 헤롯 당원들•과 함께 예수께 보내어 말하되

선생님이여 우리가 아노니 당신은
참되시고 진리로 하나님의 도를 가
르치시며 아무도 꺼리는 일이 없으
시니 이는 사람을 외모로 보지 아니
하심이니이다 17 그러면 당신의 생
각에는 어떠한지 우리에게 이르소서
가이사에게 세금을 바치는 것이 옳
으니이까 옳지 아니하니이까 하니

18 예수께서 그들의 악함을 아시고 이르시되

22:16 **헤롯 당원들** 헤롯과 그의 가문을 따랐던 정치적 무리

외식하는 자들아 어찌하여 나를 시험하느냐 19 세금 낼 돈을 내게 보이라 하시니
데나리온 하나를 가져왔거늘 20 예수께서 말씀하시되
이 형상과 이 글이 누구의 것이냐
21 이르되
가이사의 것이니이다

이에 이르시되
그런즉 가이사의 것은 가이사에게, 하나님의 것은 하나님께 바치라 하시니
22 그들이 이 말씀을 듣고 놀랍게 여겨 예수를 떠나가니라

부활 논쟁

23 부활이 없다 하는 사두개인들이 그 날 예수께 와서 물어 이르되
24 선생님이여 모세가 일렀으되 사람이 만일 자식이 없이 죽으면 그 동생이 그 아내에게 장가 들어 형을 위하여 상속자를 세울지니라 하였나이다
25 우리 중에 칠 형제가 있었는데 맏이가 장가 들었다가 죽어 상속자가 없으므로 그 아내를 그 동생에게 물려 주고 26 그 둘째와 셋째로 일곱째까지 그렇게 하다가 27 최후에 그 여자도 죽었나이다 28 그런즉 그들이 다 그를 취하였으니 부활 때에 일곱 중의 누구의 아내가 되리이까

22:32 **나는 … 야곱의 하나님이로라** 출 3:6 인용
22:37 **네 마음을 … 하나님을 사랑하라** 신 6:5 인용
22:39 **네 이웃을 … 사랑하라** 레 19:18 인용

그리스도와 다윗의 자손

23장

서기관들과 바리새인들을 꾸짖으시다

23:5 **경문** 4개의 중요 성구를 쓴 종이를 담은 작은 가죽 상자. 일부 유대인들은 경문을 그들의 이마와 왼쪽 팔에 붙였는데 그것은 자기들의 경건을 과시하기 위함이었던 것으로 여겨진다.

8 그러나 너희는 랍비라 칭함을
받지 말라 너희 선생은 하나요
너희는 다 형제니라 9 땅에 있는
자를 아버지라 하지 말라 너희의
아버지는 한 분이시니 곧 하늘에
계신 이시니라 10 또한 지도자
라 칭함을 받지 말라 너희의 지
도자는 한 분이시니 곧 그리스도
시니라 11 너희 중에 큰 자는 너
희를 섬기는 자가 되어야 하리라
12 누구든지 자기를 높이는 자는
낮아지고 누구든지 자기를 낮추
는 자는 높아지리라 13 화 있을
진저 외식하는 서기관들과 바리
새인들이여 너희는 천국 문을 사
람들 앞에서 닫고 너희도 들어가
지 않고 들어가려 하는 자도 들
어가지 못하게 하는도다 14 (없
음)• 15 화 있을진저 외식하는
서기관들과 바리새인들이여 너
희는 교인 한 사람을 얻기 위하
여 바다와 육지를 두루 다니다가
생기면 너희보다 배나 더 지옥
자식이 되게 하는도다 16 화 있
을진저 눈 먼 인도자여 너희가
말하되 누구든지 성전으로 맹세
하면 아무 일 없거니와 성전의
금으로 맹세하면 지킬지라 하는
도다 17 어리석은 맹인들이여
어느 것이 크냐 그 금이냐 그 금
을 거룩하게 하는 성전이냐 18
너희가 또 이르되 누구든지 제단
으로 맹세하면 아무 일 없거니와
그 위에 있는 예물로 맹세하면
지킬지라 하는도다 19 맹인들이
여 어느 것이 크냐 그 예물이냐
그 예물을 거룩하게 하는 제단이
냐 20 그러므로 제단으로 맹세
하는 자는 제단과 그 위에 있는
모든 것으로 맹세함이요 21 또
성전으로 맹세하는 자는 성전과
그 안에 계신 이로 맹세함이요
22 또 하늘로 맹세하는 자는 하
나님의 보좌와 그 위에 앉으신
이로 맹세함이니라 23 화 있을
진저 외식하는 서기관들과 바리
새인들이여 너희가 박하와 회향
과 근채•의 십일조는 드리되 율
법의 더 중한 바 정의와 긍휼과
믿음은 버렸도다 그러나 이것도
행하고 저것도 버리지 말아야 할
지니라 24 맹인 된 인도자여 하
루살이는 걸러 내고 낙타는 삼키
는도다• 25 화 있을진저 외식하

23:14 일부 헬라어 사본들에는 "화 있을진저 외식하는 서기관들과 바리새인들이여 너희는 과부의 가산을 삼키며 외식으로 길게 기도하는 자니 그 받는 판결이 더욱 중하리라"라고 기록되어 있다.

23:23 **박하와 회향과 근채** 동산에서 자라는 작은 식물로서 향신료로 쓰였다. 매우 경건한 사람들만이 이런 것들의 십일조를 드렸다.

23:24 **하루살이는 … 낙타는 삼키는도다** 작은 실수들에 대해서는 걱정하면서 큰 죄를 범한다는 뜻

는 서기관들과 바리새인들이여
잔과 대접의 겉은 깨끗이 하되
그 안에는 탐욕과 방탕으로 가득
하게 하는도다 26 눈 먼 바리새
인이여 너는 먼저 안을 깨끗이
하라 그리하면 겉도 깨끗하리라
27 화 있을진저 외식하는 서기관
들과 바리새인들이여 회칠한 무
덤 같으니 겉으로는 아름답게 보
이나 그 안에는 죽은 사람의 뼈
와 모든 더러운 것이 가득하도다
28 이와 같이 너희도 겉으로는
사람에게 옳게 보이되 안으로는
외식과 불법이 가득하도다 29
화 있을진저 외식하는 서기관들
과 바리새인들이여 너희는 선지
자들의 무덤을 만들고 의인들의
비석을 꾸미며 이르되 30 만일
우리가 조상 때에 있었더라면 우
리는 그들이 선지자의 피를 흘리
는 데 참여하지 아니하였으리라
하니 31 그러면 너희가 선지자
를 죽인 자의 자손임을 스스로
증명함이로다 32 너희가 너희
조상의 분량을 채우라 33 뱀들
아 독사의 새끼들아 너희가 어떻
게 지옥의 판결을 피하겠느냐
34 그러므로 내가 너희에게 선지
자들과 지혜 있는 자들과 서기관
들을 보내매 너희가 그 중에서
더러는 죽이거나 십자가에 못 박
고 그 중에서 더러는 너희 회당
에서 채찍질하고 이 동네에서 저
동네로 따라다니며 박해하리라
35 그러므로 의인 아벨의 피로부
터 성전과 제단 사이에서 너희가
죽인 바라갸의 아들 사가랴•의
피까지 땅 위에서 흘린 의로운
피가 다 너희에게 돌아가리라
36 내가 진실로 너희에게 이르노
니 이것이 다 이 세대에 돌아가
리라

예루살렘을 두고 이르시다

37 예루살렘아 예루살렘아 선지
자들을 죽이고 네게 파송된 자들
을 돌로 치는 자여 암탉이 그 새끼
를 날개 아래에 모음 같이 내가 네
자녀를 모으려 한 일이 몇 번이더
냐 그러나 너희가 원하지 아니하
였도다 38 보라 너희 집이 황폐하
여 버려진 바 되리라 39 내가 너
희에게 이르노니 이제부터 너희
는 찬송하리로다 주의 이름으로
오시는 이여• 할 때까지 나를 보
지 못하리라 하시니라

23:35 **아벨 … 사가랴** 히브리 구약성경에서 제일 먼저 살해당한 사람과 제일 마지막에 살해당한 사람
23:39 **찬송하리로다 주의 이름으로 오시는 이여** 시 118:26 인용

24장

성전이 무너뜨려질 것을 예언하시다

1 예수께서 성전에서 나와서
가실 때에 제자들이 성전 건
물들을 가리켜 보이려고 나아
오니 2 대답하여 이르시되

너희가 이 모든 것을 보지 못하
느냐 내가 진실로 너희에게 이
르노니 돌 하나도 돌 위에 남지
않고 다 무너뜨려지리라

재난의 징조

3 예수께서 감람 산 위에 앉
으셨을 때에 제자들이 조
용히 와서 이르되

우리에게 이르소서 어느
때에 이런 일이 있겠사오
며 또 주의 임하심과 세상
끝에는 무슨 징조가 있사
오리이까

4 예수께서 대답하여 이르시되

너희가 사람의 미혹을 받지 않도
록 주의하라 5 많은 사람이 내 이
름으로 와서 이르되 나는 그리스
도라 하여 많은 사람을 미혹하리
라 6 난리와 난리 소문을 듣겠으나
너희는 삼가 두려워하지 말라 이
런 일이 있어야 하되 아직 끝은 아
니니라 7 민족이 민족을, 나라가
나라를 대적하여 일어나겠고 곳곳
에 기근과 지진이 있으리니 8 이
모든 것은 재난의 시작이니라 9 그
때에 사람들이 너희를 환난에 넘겨
주겠으며 너희를 죽이리니 너희가
내 이름 때문에 모든 민족에게 미
움을 받으리라

10 그 때에 많은 사람이 실족하게
되어 서로 잡아 주고 서로 미워
하겠으며 11 거짓 선지자가 많이
일어나 많은 사람을 미혹하겠으
며 12 불법이 성하므로 많은 사
람의 사랑이 식어지리라 13 그러
나 끝까지 견디는 자는 구원을
얻으리라 14 이 천국 복음이 모
든 민족에게 증언되기 위하여 온
세상에 전파되리니 그제야 끝이
오리라

가장 큰 환난

15 그러므로 너희가 선지자 다니
엘이 말한 바 멸망의 가증한 것•
이 거룩한 곳에 선 것을 보거든
(읽는 자는 깨달을진저) 16 그 때
에 유대에 있는 자들은 산으로
도망할지어다 17 지붕• 위에 있
는 자는 집 안에 있는 물건을 가
지러 내려 가지 말며 18 밭에 있
는 자는 겉옷을 가지러 뒤로 돌
이키지 말지어다 19 그 날에는
아이 밴 자들과 젖 먹이는 자들
에게 화가 있으리로다 20 너희
가 도망하는 일이 겨울에나 안
식일에 되지 않도록 기도하라
21 이는 그 때에 큰 환난이 있겠
음이라 창세로부터 지금까지 이
런 환난이 없었고 후에도 없으
리라 22 그 날들을 감하지 아니
하면 모든 육체가 구원을 얻지
못할 것이나 그러나 택하신 자
들을 위하여 그 날들을 감하시
리라 23 그 때에 사람이 너희에
게 말하되 보라 그리스도가 여
기 있다 혹은 저기 있다 하여도
믿지 말라 24 거짓 그리스도들
과 거짓 선지자들이 일어나 큰
표적과 기사를 보여 할 수만 있
으면 택하신 자들도 미혹하리라
25 보라 내가 너희에게 미리 말
하였노라 26 그러면 사람들이
너희에게 말하되 보라 그리스도
가 광야에 있다 하여도 나가지
말고 보라 골방에 있다 하여도
믿지 말라 27 번개가 동편에서
나서 서편까지 번쩍임 같이 인
자의 임함도 그러하리라 28 주
검이 있는 곳에는 독수리들이
모일 것이니라

인자가 오는 것을 보리라

29 그 날 환난 후에

> 즉시 해가 어두워지며 달
> 이 빛을 내지 아니하며
> 별들이 하늘에서 떨어지
> 며 하늘의 권능들이 흔들
> 리리라 사 13:10; 34:4

30 그 때에 인자의 징조가 하늘
에서 보이겠고 그 때에 땅의 모
든 족속들이 통곡하며 그들이 인
자가 구름을 타고 능력과 큰 영
광으로 오는 것을 보리라 31 그
가 큰 나팔소리와 함께 천사들을
보내리니 그들이 그의 택하신 자
들을 하늘 이 끝에서 저 끝까지
사방에서 모으리라

무화과나무에서 배울 교훈

32 무화과나무의 비유를 배우라
그 가지가 연하여지고 잎사귀를
내면 여름이 가까운 줄을 아나니
33 이와 같이 너희도 이 모든 일
을 보거든 인자가 가까이 곧 문
앞에 이른 줄 알라 34 내가 진실
로 너희에게 말하노니 이 세대가
지나가기 전에 이 일이 다 일어
나리라 35 천지는 없어질지언정
내 말은 없어지지 아니하리라
36 그러나 그 날과 그 때는 아무
도 모르나니 하늘의 천사들도,
아들도 모르고 오직 아버지만 아
시느니라 37 노아의 때와 같이
인자의 임함도 그러하리라 38
홍수 전에 노아가 방주에 들어가
던 날까지 사람들이 먹고 마시고
장가 들고 시집 가고 있으면서

24:15 **멸망의 가증한 것** 다니엘서 9장 27절과 12장 11절에 언급되었다(단 11:31 참조).
24:17 **지붕** 성경 시대에 집들의 지붕은 평평했다. 당시 지붕은 열매와 아마(亞麻) 같은 것들을 말리는 장소로 사용되었다. 또 임시로 사용하는 방으로, 경배의 장소로 또는 여름에 잠자는 장소로 사용되었다.

39 홍수가 나서 그들을 다 멸하
기까지 깨닫지 못하였으니 인자
의 임함도 이와 같으리라 40 그
때에 두 사람이 밭에 있으매 한
사람은 데려가고 한 사람은 버
려둠을 당할 것이요 41 두 여자
가 맷돌질을 하고 있으매 한 사
람은 데려가고 한 사람은 버려
둠을 당할 것이니라 42 그러므
로 깨어 있으라 어느 날에 너희
주가 임할는지 너희가 알지 못
함이니라 43 너희도 아는 바니
만일 집 주인이 도둑이 어느 시
각에 올 줄을 알았더라면 깨어
있어 그 집을 뚫지 못하게 하였
으리라 44 이러므로 너희도 준
비하고 있으라 생각하지 않은
때에 인자가 오리라 45 충성되
고 지혜 있는 종이 되어 주인에
게 그 집 사람들을 맡아 때를 따
라 양식을 나눠 줄 자가 누구냐
46 주인이 올 때에 그 종이 이렇
게 하는 것을 보면 그 종이 복이
있으리로다 47 내가 진실로 너
희에게 이르노니 주인이 그의
모든 소유를 그에게 맡기리라
48 만일 그 악한 종이 마음에 생
각하기를 주인이 더디 오리라
하여 49 동료들을 때리며 술친
구들과 더불어 먹고 마시게 되
면 50 생각하지 않은 날 알지 못
하는 시각에 그 종의 주인이 이
르러 51 엄히 때리고 외식하는
자가 받는 벌에 처하리니 거기서
슬피 울며 이를 갈리라

25장

열 처녀 비유

1 그 때에 천국은 마치 등을
들고 신랑을 맞으러 나간 열
처녀와 같다 하리니 2 그 중
의 다섯은 미련하고 다섯은
슬기 있는 자라 3 미련한 자
들은 등을 가지되 기름을 가
지지 아니하고 4 슬기 있는
자들은 그릇에 기름을 담아
등과 함께 가져갔더니 5 신랑

이 더디 오므로 다 졸며 잘새
6 밤중에 소리가 나되

7 이에 그 처녀들이 다 일어나 등
을 준비할새 8 미련한 자들이 슬
기 있는 자들에게 이르되

9 슬기 있는 자들이 대답하여 이
르되

10 그들이 사러 간 사이에 신랑
이 오므로 준비하였던 자들은 함
께 혼인 잔치에 들어가고 문은
닫힌지라 11 그 후에 남은 처녀

들이 와서 이르되

주여 주여 우리에
게 열어 주소서

12 대답하여 이르되 진실로 너희
에게 이르노니

13 그런즉 깨어 있으라 너희는 그
날과 그 때를 알지 못하느니라

달란트 비유

14 또 어떤 사람이 타국에 갈 때
그 종들을 불러 자기 소유를 맡
김과 같으니 15 각각 그 재능대

로 한 사람에게는 금 다섯 달란
트를, 한 사람에게는 두 달란트
를, 한 사람에게는 한 달란트를
주고 떠났더니 16 다섯 달란트

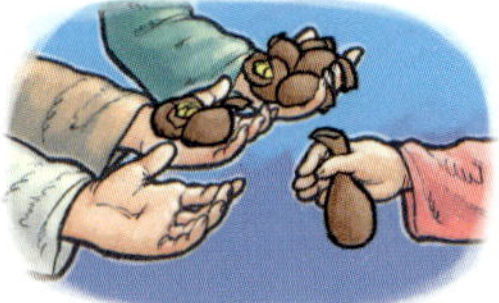

받은 자는 바로 가서 그것으로
장사하여 또 다섯 달란트를 남기
고 17 두 달란트 받은 자도 그같
이 하여 또 두 달란트를 남겼으
되 18 한 달란트 받은 자는 가서
땅을 파고 그 주인의 돈을 감추
어 두었더니 19 오랜 후에 그 종
들의 주인이 돌아와 그들과 결산
할새 20 다섯 달란트 받았던 자
는 다섯 달란트를 더 가지고 와
서 이르되

21 그 주인이 이르되

22 두 달란트 받았던 자도 와서
이르되

23 그 주인이 이르되

잘하였도다 착하고 충성된
종아 네가 적은 일에 충성하
였으매 내가 많은 것을 네게
맡기리니 네 주인의 즐거움
에 참여할지어다 하고

24 한 달란트 받았던 자는 와서
이르되

주인이여 당신은 굳은 사람
이라 심지 않은 데서 거두
고 헤치지 않은 데서 모으
는 줄을 내가 알았으므로
25 두려워하여 나가서 당신
의 달란트를 땅에 감추어
두었었나이다 보소서 당신
의 것을 가지셨나이다

26 그 주인이 대답하여 이르되

악하고 게으른 종아 나는
심지 않은 데서 거두고 헤
치지 않은 데서 모으는 줄
로 네가 알았느냐 27 그러
면 네가 마땅히 내 돈을 취
리하는 자들에게나 맡겼다
가 내가 돌아와서 내 원금
과 이자를 받게 하였을 것
이니라 하고

28 그에게서 그 한 달란트를
빼앗아 열 달란트 가진 자
에게 주라 29 무릇 있는 자
는 받아 풍족하게 되고 없
는 자는 그 있는 것까지 빼
앗기리라 30 이 무익한 종
을 바깥 어두운 데로 내쫓으
라 거기서 슬피 울며 이를
갈리라 하니라

인자가 모든 천사와 함께 올 때

31 인자가 자기 영광으로 모든
천사와 함께 올 때에 자기 영광
의 보좌에 앉으리니 32 모든 민
족을 그 앞에 모으고 각각 구분
하기를 목자가 양과 염소를 구분
하는 것 같이 하여 33 양은 그 오
른편에 염소는 왼편에 두리라
34 그 때에 임금이 그 오른편에
있는 자들에게 이르시되 내 아버
지께 복 받을 자들이여 나아와
창세로부터 너희를 위하여 예비
된 나라를 상속받으라 35 내가
주릴 때에 너희가 먹을 것을 주
었고 목마를 때에 마시게 하였고
나그네 되었을 때에 영접하였고
36 헐벗었을 때에 옷을 입혔고
병들었을 때에 돌보았고 옥에 갇
혔을 때에 와서 보았느니라 37
이에 의인들이 대답하여 이르되
주여 우리가 어느 때에 주께서
주리신 것을 보고 음식을 대접하
였으며 목마르신 것을 보고 마시
게 하였나이까 38 어느 때에 나
그네 되신 것을 보고 영접하였으
며 헐벗으신 것을 보고 옷 입혔
나이까 39 어느 때에 병드신 것
이나 옥에 갇히신 것을 보고 가
서 뵈었나이까 하리니

40 임금이 대답하여 이르시되
내가 진실로 너희에게 이르노니
너희가 여기 내 형제 중에 지극
히 작은 자 하나에게 한 것이 곧
내게 한 것이니라 하시고 41 또
왼편에 있는 자들에게 이르시되
저주를 받은 자들아 나를 떠나
마귀와 그 사자들을 위하여 예
비된 영원한 불에 들어가라

42 내가 주릴 때에 너희가 먹을 것을 주지 아
니하였고 목마를 때에 마시게 하지 아니하
였고 43 나그네 되었을 때에 영접하지 아니
하였고 헐벗었을 때에 옷 입히지 아니하였
고 병들었을 때와 옥에 갇혔을 때에 돌보지
아니하였느니라 하시니 44 그들도 대답하여
이르되 주여 우리가 어느 때에 주께서 주리
신 것이나 목마르신 것이나 나그네 되신 것
이나 헐벗으신 것이나 병드신 것이나 옥에
갇히신 것을 보고 공양하지 아니하더이까

45 이에 임금이 대답하여
이르시되 내가 진실로 너
희에게 이르노니 이 지극
히 작은 자 하나에게 하
지 아니한 것이 곧 내게
하지 아니한 것이니라 하
시리니 46 그들은 영벌
에, 의인들은 영생에 들
어가리라 하시니라

26장

예수를 죽이려고 의논하다

1 예수께서 이 말씀
을 다 마치시고 제
자들에게 이르시되

2 너희가 아는 바와 같
이 이틀이 지나면 유
월절이라 인자가 십자
가에 못 박히기 위하
여 팔리리라 하시더라

3 그 때에 대제사
장들과 백성의 장
로들이 가야바라
하는 대제사장의
관정에 모여 4 예
수를 흉계로 잡아
죽이려고 의논하
되 5 말하기를

민란이 날까 하노니 명절
에는 하지 말자 하더라

예수의 머리에 향유를 붓다

6 예수께서 베다니 나
병환자 시몬의 집에
계실 때에 7 한 여자
가 매우 귀한 향유 한
옥합을 가지고 나아
와서 식사하시는 예
수의 머리에 부으니

8 제자들이 보고 분개
하여 이르되

10 예수께서 아시고 그들에게 이르시되

유다가 배반하다

14 그 때에 열둘 중의
하나인 가룟 유다라
하는 자가 대제사장
들에게 가서 말하되

그들이 은 삼십을 달아 주거
늘 16 그가 그 때부터 예수를
넘겨 줄 기회를 찾더라

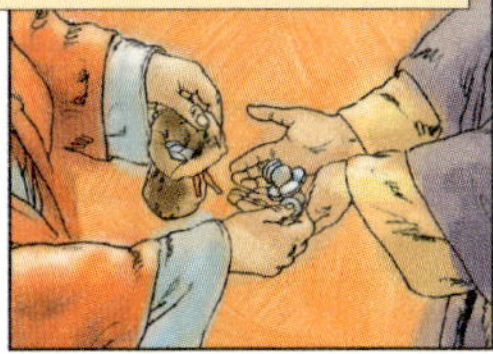

마지막 만찬
17 무교절의 첫날에 제자들이 예수께 나아와서 이르되
유월절 음식 잡수실 것을 우리가 어디서 준비하기를 원하시나이까
18 이르시되
성안 아무에게 가서 이르되 선생님 말씀이 내 때가 가까이 왔으니 내 제자들과 함께 유월절을 네 집에서 지키겠다 하시더라 하라 하시니

19 제자들이 예수께서 시키신 대로 하여 유월절을 준비하였더라

20 저물 때에 예수께서 열두 제자와 함께 앉으셨더니 21 그들이 먹을 때에 이르시되
내가 진실로 너희에게 이르노니 너희 중의 한 사람이 나를 팔리라 하시니
22 그들이 몹시 근심하여 각각 여짜오되
주여 나는 아니지요
23 대답하여 이르시되
나와 함께 그릇에 손을 넣는 그가 나를 팔리라 24 인자는 자기에 대하여 기록된 대로 가거니와 인자를 파는 그 사람에게는 화가 있으리로다 그 사람은 차라리 태어나지 아니하였더라면 제게 좋을 뻔하였느니라

25 예수를 파는 유다가 대답하여 이르되
랍비여 나는 아니지요
대답하시되
네가 말하였도다 하시니라

26 그들이 먹을 때에 예수께서 떡을 가지사 축복하시고

베드로가 부인할 것을 예언하시다

26:28 **언약** 일부 헬라어 사본들에서는 '새 언약'으로 기록되어 있다(비교, 눅 22:20).
26:29 **포도나무에서 난 것** 포도나무의 열매. 이것은 '포도주'로도 번역될 수 있다.

겟세마네에서 기도하시다

26:39 **잔** 여기에서 잔은 예수님께 닥칠 고난을 상징한다. 마치 매우 쓴 것이 들어 있는 잔을 마시는 것처럼 지극히 고통스럽다는 의미이다.

43 다시 오사 보신즉 그들이 자니 이는 그들
의 눈이 피곤함일러라 44 또 그들을 두시고
나아가 세 번째 같은 말씀으로 기도하신 후
45 이에 제자들에게 오사 이르시되

잡히시다

47 말씀하실 때에 열둘 중의 하나인 유다가 왔는데 대제사장들과 백성의
장로들에게서 파송된 큰 무리가 칼과 몽치를 가지고 그와 함께 하였더라

48 예수를 파는
자가 그들에게
군호를 짜 이르
되 내가 입맞추
는 자가 그이니
그를 잡으라 한
지라 49 곧 예
수께 나아와

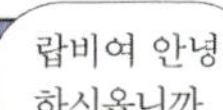

하고 입을 맞추니 50 예수
께서 이르시되

이에 그들이 나아와 예수께 손을 대어
잡는지라 51 예수와 함께 있던 자 중
의 하나가 손을 펴 칼을 빼어

대제사장의 종을 쳐

그 귀를 떨어뜨리니 52 이에
예수께서 이르시되

55 그 때에 예수께서 무리에게 말씀하시되
너희가 강도를 잡는 것 같이 칼과 몽치를 가지고 나를 잡으러 나왔느냐 내가 날마다 성전에 앉아 가르쳤으되 너희가 나를 잡지 아니하였도다 56 그러나 이렇게 된 것은 다 선지자들의 글을 이루려 함이니라 하시더라

이에 제자들이 다 예수를 버리고 도망하니라

공회 앞에 서시다

57 예수를 잡은 자들이 그를 끌고 대제사장 가야바에게로 가니 거기 서기관과 장로들이 모여 있더라
58 베드로가 멀찍이 예수를 따라 대제사장의 집 뜰에까지 가서 그 결말을 보려고 안에 들어가 하인들과 함께 앉아 있더라

59 대제사장들과 온 공회가 예수를 죽이려고 그를 칠 거짓 증거를 찾으매 60 거짓 증인이 많이 왔으나
얻지 못하더니 후에 두 사람이 와서
61 이르되 이 사람의 말이 내가 하나님의 성전을 헐고 사흘 동안에 지을 수 있다 하더라 하니
62 대제사장이 일어서서 예수께 묻되
아무 대답도 없느냐 이 사람들이 너를 치는 증거가 어떠하냐 하되

63 예수께서 침묵하시거늘 대제사장이 이르되

64 예수께서 이르시되

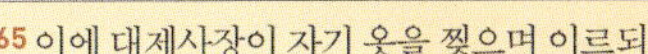

65 이에 대제사장이 자기 옷을 찢으며 이르되

대답하여 이르되

67 이에 예수의 얼굴에 침 뱉으며 주먹으로 치고 어떤 사람은 손바닥으로 때리며
68 이르되

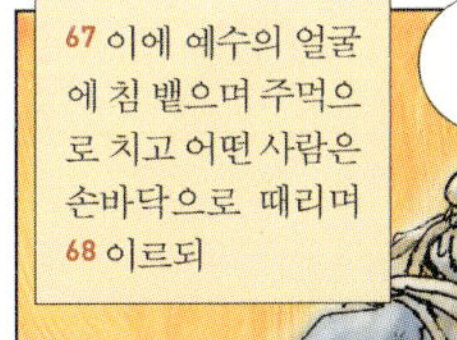

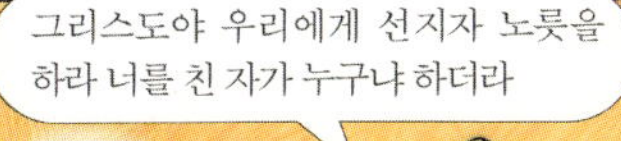

베드로가 예수를 알지 못한다고 하다

69 베드로가 바깥 뜰에 앉았더니

한 여종이 나아와 이르되

70 베드로가 모든 사람 앞에서 부인하여 이르되

71 앞문까지 나아가니 다른 여종이 그를 보고 거기 있는 사람들에게 말하되

72 베드로가
맹세하고 또
부인하여 이
르되

73 조금 후에 곁에 섰던 사람들
이 나아와 베드로에게 이르되

74 그가 저주하며 맹세하여 이르되

하니 곧 닭이 울더라
75 이에 베드로가 예
수의 말씀에 닭 울기
전에 네가 세 번 나를
부인하리라 하심이
생각나서 밖에 나가
서 심히 통곡하니라

27장

예수를 빌라도에게 넘기다

1 새벽에 모든 대
제사장과 백성의
장로들이 예수를
죽이려고 함께
의논하고 2 결박
하여 끌고 가서
총독 빌라도에게
넘겨 주니라

유다가 목매어 죽다

3 그 때에 예수를 판 유다가 그의 정죄됨을
보고 스스로 뉘우쳐 그 은 삼십을 대제사장
들과 장로들에게 도로 갖다 주며 4 이르되

그들이 이르되

그것이 우리에게 무슨 상관이냐 네가 당하라 하거늘

5 유다가 은을 성소에 던져 넣고

물러가서 스스로 목매어 죽은지라

6 대제사장들이 그 은을 거두며 이르되

이것은 핏값이라 성전고에 넣어 둠이 옳지 않다 하고

7 의논한 후 이것으로 토기장이의 밭을 사서 나그네의 묘지를 삼았으니

8 그러므로 오늘날까지 그 밭을
피밭이라 일컫느니라 9 이에 선
지자 예레미야를 통하여 하신
말씀이 이루어졌나니 일렀으되
그들이 그 가격 매겨진 자 곧 이
스라엘 자손 중에서 가격 매긴
자의 가격 곧 은 삼십을 가지고
10 토기장이의 밭 값으로 주었
으니 이는 주께서 내게 명하신
바와 같으니라• 하였더라

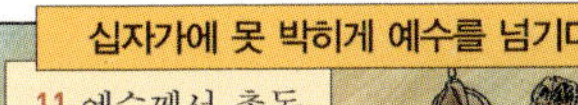

십자가에 못 박히게 예수를 넘기다

11 예수께서 총독 앞에 섰으매 총독이 물어 이르되

네가 유대인의 왕이냐

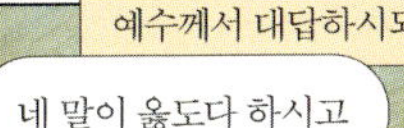

예수께서 대답하시되

네 말이 옳도다 하시고

12 대제사장들과 장로들에게 고발
을 당하되 아무 대답도 아니하시
는지라 13 이에 빌라도가 이르되

그들이 너를 쳐서 얼마나 많은 것으로 증언하는지 듣지 못하느냐 하되

14 한 마디도 대답하지 아니하시
니 총독이 크게 놀라워하더라 15
명절이 되면 총독이 무리의 청원
대로 죄수 한 사람을 놓아 주는 전
례가 있더니 16 그 때에 바라바•
라 하는 유명한 죄수가 있는데 17
그들이 모였을 때에 빌라도가 물
어 이르되

너희는 내가 누구를 너희에게 놓아 주기를 원하느냐 바라바냐 그리스도라 하는 예수냐 하니

27:9,10 **그들이 그 가격 매겨진 자 … 이는 주께서 내게 명하신 바와 같으니라** 스가랴서 11장 12,13절, 예레미야서 32장 6-9절을 보라.
27:16 **바라바** 일부 헬라어 사본들에서는 이 사람의 이름이 '예수 바라바'로 기록되어 있다.

27:24 **손을 씻으며** 빌라도는 자기가 유대인들의 행위에 참여하기를 원하지 않는다는 것을 보이기 위해 손을 씻었다.

26 이에 바라바는 그들에게 놓아
주고 예수는 채찍질하고 십자가에
못 박히게 넘겨 주니라

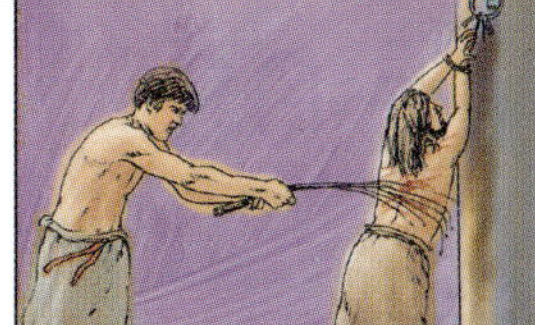

군병들이 예수를 희롱하다

27 이에 총독의 군병들이 예
수를 데리고 관정 안으로 들
어가서 온 군대를 그에게로
모으고 28 그의 옷을 벗기
고 홍포를 입히며 29 가시
관을 엮어 그 머리에 씌우고
갈대를 그 오른손에 들리고
그 앞에서 무릎을 꿇고 희롱
하여 이르되

30 그에게 침 뱉고 갈대를
빼앗아 그의 머리를 치더
라 31 희롱을 다 한 후 홍
포를 벗기고 도로 그의 옷
을 입혀 십자가에 못 박으
려고 끌고 나가니라

십자가에 못 박히시다

32 나가다가 시몬이란 구레네 사
람을 만나매 그에게 예수의 십자
가를 억지로 지워 가게 하였더라

33 골고다 즉 해골의 곳
이라는 곳에 이르러

34 쓸개 탄 포도주*를 예수께
주어 마시게 하려 하였더니 예
수께서 맛보시고 마시고자 하
지 아니하시더라

27:34 **쓸개 탄 포도주** 약제를 섞은 포도주에는 고통을 덜 느끼도록 도와주는 기능이 있었을 것이다.

27:35 **그 옷을 제비 뽑아 나누고** 일부 헬라어 사본들에서는 이 표현 다음에 "그리하여 하나님께서 선지자를 통해 하신 말씀, 즉 '그들이 내 옷을 나누고 내 옷을 제비 뽑나이다'라는 말씀이 이루어졌다"라고 기록되어 있다.

44 함께 십자가에 못 박힌 강도
들도 이와 같이 욕하더라

영혼이 떠나시다

45 제육시로부터 온 땅에 어
둠이 임하여 제구시까지 계
속되더니 46 제구시쯤에 예
수께서 크게 소리 질러 이르
시되

엘리 엘리 라마 사박다니 하시니
이는 곧
나의 하나님, 나의 하나님, 어찌하여 나를 버리
셨나이까 하는 뜻이라

47 거기 섰던 자 중 어떤
이들이 듣고 이르되

이 사람이 엘리야를
부른다 하고

48 그 중의 한 사람이 곧
달려가서 해면을 가져
다가 신 포도주에 적시
어 갈대에 꿰어 마시게
하거늘 49 그 남은 사람
들이 이르되

가만 두라 엘리야가 와서 그
를 구원하나 보자 하더라

50 예수께서 다시 크게 소리 지르
시고 영혼이 떠나시니라 51 이에
성소 휘장•이 위로부터 아래까지
찢어져 둘이 되고 땅이 진동하며
바위가 터지고 52 무덤들이 열리
며 자던 성도의 몸이 많이 일어나
되 53 예수의 부활 후에 그들이
무덤에서 나와서 거룩한 성에 들
어가 많은 사람에게 보이니라

27:51 **성소 휘장** 이것은 지성소를 성소의 다른 부분으로부터 분리시킨 휘장이다. 성소는 유대인들이 하나님의 명령에 따라 그분을 경배하는 장소로 사용했던 예루살렘의 특별한 건물이었다.

54 백부장과
및 함께 예수
를 지키던 자
들이 지진과
그 일어난 일
들을 보고 심
히 두려워하
여 이르되

55 예수를 섬기며 갈릴
리에서부터 따라온 많
은 여자가 거기 있어
멀리서 바라보고 있으
니 56 그 중에는 막달
라 마리아와 또 야고보
와 요셉의 어머니 마리
아와 또 세베대의 아들
들의 어머니도 있더라

요셉이 예수의 시체를 무덤에 넣어 두다

57 저물었을 때에 아리마대
의 부자 요셉이라 하는 사
람이 왔으니 그도 예수의
제자라 58 빌라도에게 가서
예수의 시체를 달라 하니 이
에 빌라도가 내주라 명령하
거늘

59 요셉이 시체를 가져
다가 깨끗한 세마포로
싸서

60 바위 속에
판 자기 새
무덤에 넣어
두고 큰 돌을
굴려 무덤 문
에 놓고 가니

61 거기 막달라 마리
아와 다른 마리아가
무덤을 향하여 앉았
더라

경비병이 무덤을 지키다

62 그 이튿날은 준비일 다음 날이라
대제사장들과 바리새인들이 함께
빌라도에게 모여 이르되

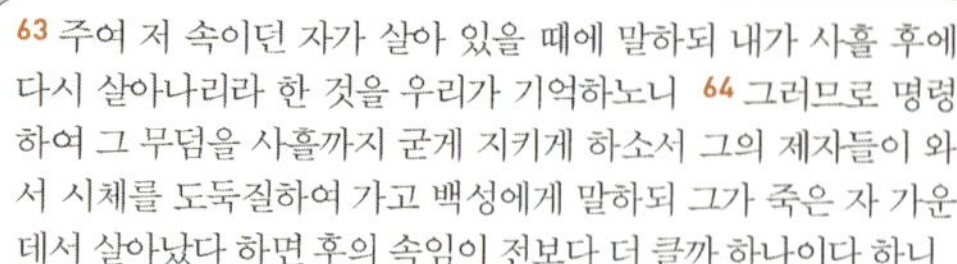

63 주여 저 속이던 자가 살아 있을 때에 말하되 내가 사흘 후에
다시 살아나리라 한 것을 우리가 기억하노니 64 그러므로 명령
하여 그 무덤을 사흘까지 굳게 지키게 하소서 그의 제자들이 와
서 시체를 도둑질하여 가고 백성에게 말하되 그가 죽은 자 가운
데서 살아났다 하면 후의 속임이 전보다 더 클까 하나이다 하니

65 빌라도가 이르되
너희에게 경비병이 있으니 가서 힘대로 굳게 지키라 하거늘

66 그들이 경비병과 함께 가서 돌을 인봉하고 무덤을 굳게 지키니라

28장
살아나시다

1 안식일이 다 지나고 안식 후 첫날이 되려는 새벽에 막달라 마리아와 다른 마리아가 무덤을 보려고 갔더니 2 큰 지진이 나며 주의 천사가 하늘로부터 내려와 돌을 굴려 내고 그 위에 앉았는데 3 그 형상이 번개 같고 그 옷은 눈 같이 희거늘 4 지키던 자들이 그를 무서워하여 떨며 죽은 사람과 같이 되었더라

5 천사가 여자들에게 말하여 이르되
너희는 무서워하지 말라 십자가에 못 박히신 예수를 너희가 찾는 줄을 내가 아노라 6 그가 여기 계시지 않고 그가 말씀 하시던 대로 살아나셨느니라 와서 그가 누우셨던 곳을 보라 7 또 빨리 가서 그의 제자들에게 이르되 그가 죽은 자 가운데서 살아나셨고 너희보다 먼저 갈릴리로 가시나니 거기서 너희가 뵈오리라 하라 보라 내가 너희에게 일렀느니라 하거늘

마태복음 28:8-20

8 그 여자들이 무서움과 큰 기쁨으로 빨리 무덤을 떠나 제자들에게 알리려고 달음질할새

9 예수께서 그들을 만나 이르시되 평안하냐 하시거늘 여자들이 나아가 그 발을 붙잡고 경배하니
10 이에 예수께서 이르시되

경비병의 보고

11 여자들이 갈 때 경비병 중 몇이 성에 들어가 모든 된 일을 대제사장들에게 알리니 12 그들이 장로들과 함께 모여 의논하고 군인들에게 돈을 많이 주며 13 이르되

15 군인들이 돈을 받고 가르친 대로 하였으니 이 말이 오늘날까지 유대인 가운데 두루 퍼지니라

제자들에게 할 일을 분부하시다

16 열한 제자가 갈릴리에 가서 예수께서 지시하신 산에 이르러 17 예수를 뵈옵고 경배하나 아직도 의심하는 사람들이 있더라
18 예수께서 나아와 말씀하여 이르시되

카툰성경 마태복음

초판 1쇄 발행 2017년 5월 26일

그린이 키이스 닐리, 데이비드 마일즈

펴낸이 여진구
책임편집 안수경, 최현수
편집 김아진, 이영주
책임디자인 이혜영, 마영애, 노지현
기획 · 홍보 김영하
마케팅 김상순, 강성민, 허병용
제작 조영석, 정도봉
해외저작권 기은혜
마케팅지원 최영배, 정나영
경영지원 김혜경, 김경희

이슬비전도학교 최경식, 전우순
303비전장학회 & 303비전꿈나무장학회 여운학
303비전성경암송학교 박정숙

펴낸곳 규장

주소 06770 서울시 서초구 매헌로 16길 20(양재2동) 규장선교센터
전화 02)578-0003 팩스 02)578-7332
이메일 kyujang0691@gmail.com 홈페이지 www.kyujang.com
트위터 twitter.com/_kyujang 페이스북 facebook.com/kyujangbook
등록일 1978.8.14. 제1-22

책값 뒤표지에 있습니다.
ISBN 978-89-6097-601-6 04230
978-89-6097-600-9 (세트)

규 | 장 | 수 | 칙

1. 기도로 기획하고 기도로 제작한다.
2. 오직 그리스도의 성품을 사모하는 독자가 원하고 필요로 하는 책만을 출판한다.
3. 한 활자 한 문장에 온 정성을 쏟는다.
4. 성실과 정확을 생명으로 삼고 일한다.
5. 긍정적이며 적극적인 신앙과 신행일치에의 안내자의 사명을 다한다.
6. 충고와 조언을 항상 감사로 경청한다.
7. 지상목표는 문서선교에 있다.

하나님을 사랑하는 자 곧 그의 뜻대로 부르심을 입은 자들에게는 모든 것이 合力하여 善을 이루느니라(롬 8:28)

규장은 문서를 통해 복음전파와 신앙교육에 주력하는 국제적 출판사들의 협의체인 복음주의출판협회(E.C.P.A:Evangelical Christian Publishers Association)의 출판정신에 동참하는 회원(Associate Member)입니다.